como sair com HOMENS QUANDO VOCÊ ODEIA HOMENS

Blythe Roberson

como sair com HOMENS QUANDO VOCÊ ODEIA HOMENS

Tradução de
Adriana Fidalgo

1ª edição

Galera

RIO DE JANEIRO

2020

CIP-BRASIL. CATALOGAÇÃO NA PUBLICAÇÃO
SINDICATO NACIONAL DOS EDITORES DE LIVROS, RJ

R545c   Roberson, Blythe
Como sair com homens quando você odeia homens / Blythe
Roberson; tradução Adriana Fidalgo. – 1ª ed. – Rio de Janeiro:
Galera Record, 2020.

Tradução de: How to date men when you hate men
ISBN 978-85-01-11878-3

1. Crônicas americanas. 2. Namoro – Humor, sátira, etc. 3. Relação
homem-mulher – Humor, sátira, etc. I. Fidalgo, Adriana. II. Título.

CDD: 869.8
CDU: 82-94(81)

20-62141

Vanessa Mafra Xavier Salgado – Bibliotecária – CRB-7/6644

Título original norte-americano:
How to date men when you hate men

Copyright © 2018 by Blythe Roberson

Todos os direitos reservados. Proibida a reprodução, no todo ou em parte,
através de quaisquer meios. Os direitos morais da autora foram assegurados.

Texto revisado segundo o novo Acordo Ortográfico da Língua Portuguesa.

Direitos exclusivos de publicação em língua portuguesa somente para o
Brasil adquiridos pela
EDITORA RECORD LTDA.
Rua Argentina, 171 – Rio de Janeiro, RJ – 20921-380 – Tel.: (21) 2585-2000,
que se reserva a propriedade literária desta tradução.

Impresso no Brasil

ISBN 978-85-01-11878-3

Seja um leitor preferencial Record
Cadastre-se no site www.record.com.br e receba
informações sobre nossos lançamentos e nossas promoções.

Atendimento e venda direta ao leitor
sac@record.com.br

Para minha família, que não deveria ler este livro!

Sumário

	Introdução	9
1	Crushes	23
2	Flertes	59
3	Encontros	97
4	Feridas emocionais	141
5	Namoros	185
6	Términos	209
7	Solteirice	243
8	Transformando em arte	255
	Conclusão	279
	Agradecimentos	283

INTRODUÇÃO

Penso em homens o tempo todo. No modo como eles me oprimem enquanto indivíduos (Donald Trump) ou grupo. E no modo como eles são gatos enquanto indivíduos (Timothée Chalamet) ou grupo. E, além disso, penso em como perder tanto tempo analisando como eles são gatos enquanto grupo... pode estar me oprimindo. Incerta quanto ao que fazer, escrevi este livro.

Como sair com homens quando você odeia homens é um livro cômico-filosófico sobre relacionamentos e amor nos dias de hoje, em uma era que juramos que marcaria o fim do patriarcado (mas que agora sabemos que está a uns cinco séculos de acontecer) e no início de uma época em que todo o jogo da conquista fica a cargo de robôs. Sério: às vezes é um saco, e é difícil dizer se a culpa é da minha personalidade, da personalidade do carinha ou dos milhares de anos de desigualdades nascidas da disparidade de gênero que surgiu com a introdução do arado na agricultura. A estrutura deste livro espelha, de forma livre, o arco de um relacionamento. Vai de paixonites e flertes a namoros e empecilhos, abordando também o comprometimento, o término, a solteirice e... como transformamos tudo isso em arte! Ah, sim: e a expectativa de vida dos seres humanos.

"VOCÊ REALMENTE ODEIA TODOS OS HOMENS???", você pode me perguntar. Não! Alguns de meus melhores amigos são homens! Tenho e amo muito familiares do sexo masculino: todos os meus irmãos são garotos, e parece que tenho uma quantidade absurda deles (são cinco). E, claro, existem homens que beijei e com os quais me importei, ou que estou doida para beijar e então me importar. De modo geral, ainda me lembro com carinho de cada cara por quem fiquei interessada ou com quem me envolvi romanticamente. São homens engraçados e atraentes. Alguns são muito gentis! Vários são gatos! Diversos deles ainda curtem meu conteúdo nas redes sociais. Parafraseando as sufragistas em *Mary Poppins*: apesar de adorar homens enquanto indivíduos, acredito que, como grupo, eles estão sistematicamente oprimindo as mulheres.

Chegamos ao ponto em que é clara a existência do patriarcado e que papéis de gênero — até mesmo o conceito de gênero — estão irremediavelmente destroçados. Não vou sentar aqui e PROVAR a existência do patriarcado para você, como meu crush do ensino médio certa vez me pediu (exigindo que eu citasse dados estatísticos e que fosse menos emocional — mas falaremos disso mais tarde!). Sinceramente, não é responsabilidade do oprimido sempre reiterar os detalhes de sua opressão ao opressor, e não é como se os opressores não tivessem acesso ao mesmo Google que o resto do mundo. Além disso, se você escolheu um livro com ódio aos homens no título, já está mais que ciente da onipresença do sexismo e da masculinidade tóxica. Meninos jovens estão levando armas para a escola e atirando em seus colegas. Você está descobrindo que quase todos os homens que você conhece se encaixam em algum lugar da escala que vai do bizarro ao criminoso sexual. Nosso presidente com frequência se gaba do tamanho do próprio pênis! Tenho certeza de que é apenas uma questão de tempo até que ele obrigue o médico oficial a liberar um relatório elogioso sobre o próprio pinto! Homens: eles precisam rever suas prioridades!

Uma pausa para especificar a quem me dirijo quando digo "homens". Na maioria dos casos, falo de homens brancos, héteros, cis e saudáveis. Falo de homens que tiveram todos os privilégios do mundo e nem mesmo se dão conta, porque essa é a água deles, para citar um exemplo clássico de um homem cis, hétero e branco (que eu amo! Se você me perguntasse quem era meu autor favorito em qualquer momento entre 2011 e 2015, eu responderia David Foster Wallace, então tentaria descobrir se você leu *Graça infinita* sem perguntar de cara se você leu *Graça infinita*). Existem tantos sistemas de privilégios diferentes — raça, identidade de gênero, sexualidade, classe, educação, corpo e assim por diante — que interagem para determinar quanto poder uma pessoa tem e o quanto outras pessoas serão oprimidas por eles. A prática de contextualizar todas essas identidades, sobrepondo-as umas às outras, é chamada de interseccionalidade, um termo cunhado por Kimberlé Crenshaw em 1989. Se eu escrevesse "homens brancos, héteros, cis, saudáveis, ricos, com formação superior e convencionalmente bonitos" toda vez que me referisse a "homens brancos, héteros, cis, saudáveis, ricos, com formação superior e convencionalmente bonitos", isto aqui teria 1.100 páginas. E não tem porque, ao contrário de homens brancos, héteros, cis, saudáveis, ricos, com formação superior e convencionalmente bonitos, sei como editar um livro.

Mas também devo dizer o seguinte: sou uma mulher branca, hétero, cis, saudável e com formação superior. Ou seja, também extremamente privilegiada! O que não quer dizer que esteja imune a coisas como privilégio masculino, discriminação de gênero e caras gatos me manipulando por mensagem com um nível de eficácia que beira a experimentação psicológica. Mas significa que há alguns tipos de discriminação relacionados ao universo do namoro que jamais vivenciei e que o que experimentei com certeza não foi tão ruim quanto poderia ter sido caso eu fosse menos privilegiada. Neste livro, escrevo sobre como o valor da mulher foi reduzido ao corpo sexual — o que afeta ainda mais as mulheres não brancas. Escrevo sobre minhas dúvidas quanto ao casamento, embora jamais tenha precisado viver em um país que me dissesse que eu *não* poderia me casar por causa da minha orientação sexual. Até mesmo ter tempo livre para sair com homens e gastar dinheiro com comida e drinques e ingressos para ver uma apresentação do Antoni de *Queer Eye*... é um privilégio. Tudo isso foi apenas para lembrar que não são apenas homens brancos héteros que precisam melhorar! Cinquenta e três por cento das mulheres brancas votaram no Trump; precisamos, de verdade, de uma reunião para reavaliar nosso compromisso em não nos tornarmos vilãs na vida alheia. Como pessoas que enfrentam discriminação, mas que também desfrutam de muitos privilégios, temos a obrigação de usar nosso privilégio para... desmantelar nosso privilégio.

Este livro não trata apenas das minhas experiências como uma pervertida cheia de tesão, mas também da parte "patriarcado" da "supremacia do patriarcado capitalista branco", uma frase que repito com tanta regularidade que espero que pelo menos um de meus amigos a tenha transformado numa notificação de mensagem personalizada. É um livro sobre a experiência amorosa nesta era escorregadia na qual vivemos, em especial quando se é uma mulher atraída por homens que possuem todo esse poder estrutural sobre você e que ouviram, por milênios, que era ok tratar as mulheres de modo degradante, consciente ou inconscientemente. Não se limita a "homens bons" *versus* "homens maus" (embora haja alguns monstros notórios): todos os homens foram programados assim. Não nascem maus, e sim em um sistema perverso! Só não me pareceu tão sonoro chamar este livro de *Como sair com homens quando eles nascem e sofrem lavagem cerebral por um sistema perverso que oprime absurdamente mulheres.*

Mas as armadilhas do namoro no patriarcado vão além do óbvio, tipo violência sexual. Como você namora um homem se ele não quer namorar ninguém mais bem-sucedido que si mesmo? Como mostrar empolgação com o amor quando homens chamam isso de ser "intensa demais"? Por que se casar quando o casamento beneficia os homens em quase todos os aspectos, enquanto reserva às mulheres a possibilidade de uma morte violenta? É a mais pura verdade, e, sabendo disso, acho que o casamento não faz muito sentido, mas, ainda assim, no fim de semana comprei um anel de noivado falso por nove dólares na CVS. Há muito o que deliberar!

Por outro lado, os homens estão finalmente aprendendo que não é legal agir como grandes babacas predatórios com qualquer ser humano do sexo feminino que encontram pelo caminho. Veja bem, não sinto a menor compaixão por homens que arruínam a vida de mulheres porque acham que têm direito ao corpo, ao tempo e ao trabalho de qualquer uma que desejarem, mas posso compreender por que o homem comum talvez se sinta inseguro e confuso; afinal, durante toda a sua vida, a mídia e as figuras de autoridade lhe disseram que estava tudo bem se comportar de certa maneira, uma maneira que não levava em consideração a autonomia ou a subjetividade ou a individualidade da mulher. Homens leram um bocado de J.D. Salinger e cresceram com *Noivo neurótico, noiva nervosa*, já entendi! Por favor, meninos, sentem-se na minha sala cheia de almofadas com estampa de cactos e leiam sobre o amor de outra perspectiva. Usem essa leitura como modelo a seguir para amar mulheres e flertar e ser sexual de uma maneira que não vá acabar com a vida delas ou — e essa é uma possibilidade tão recente — a sua! Aprendam como o algoritmo programado em nós funciona e nos ajudem a mudá-lo.

O reconhecimento do assédio sexual generalizado, atual e muito atrasado, somado ao crescente número de mulheres capazes de se sustentar, somado, por sua vez, a milhões de outras coisas, significa que estamos vivendo uma mudança social de larga escala no modo como namoramos, como estruturamos nossa vida, como os gêneros interagem e até mesmo no significado de "gênero", se é que existe um!! É fácil não entender como devem ser os encontros amorosos e/ou se sentir sem valor porque você não se acha capaz de atingir as expectativas. Mas passei a acreditar que estamos apenas abrindo caminho, às cegas, por uma gigantesca selva de teias de aranha, rumo a uma nova ordem mundial, e o fato de que tenho 27 anos e não sou casada nem estou vivendo um relacionamento estável diz mais sobre nosso tempo do que sobre mim. Também me sinto uma fraude ao me prender a termos ligados a experiências mais facilmente definidas, como "encontro" e "término". Sei que, na maioria dos casos, não uso essas palavras de um modo que faça sentido para gerações anteriores. Mas o fato é que tenho experiências e preciso descrevê-las! E talvez as pessoas não compreendam *de verdade* a que estou me referindo quando digo "encontro", mas é melhor do que inventar um vocabulário próprio e dizer que um carinha fofo e eu tivemos um blorg.

Minhas expectativas em relação a encontros amorosos são mais altas que apenas beijar um homem sem que nenhum dos dois entre em combustão espontânea devido à problemática geral. A ideia é vivenciar o romance alegremente; livre não apenas dos problemas advindos do patriarcado, mas da ansiedade de simplesmente ser uma pessoa. É possível? E como seria esse relacionamento feliz?

Além de ser uma mulher que ama estritamente homens, também sou uma pessoa humana que ama pessoas humanas. Nem todo pensamento/tuíte/respiração/peido que sai de mim é, tipo, Mediado por Minha Identidade de Gênero. Este livro não é apenas sobre amor romântico da mulher hétero; é também sobre amor romântico em geral. Na verdade, foi inspirado por um livro que adoro (e que você devia adorar também, Lorde tuitou sobre ele) — *Fragmentos de um discurso amoroso*, de Roland Barthes, um macho da espécie humana que amou outros machos da espécie humana. Comprei o livro, assim como um enxaguante bucal infantil, na Amazon durante o verão de 2015, porque, galera, eu queria beijar na boca. Passei a maior parte daquele verão com um cara por quem estava completamente apaixonada, embora tenha levado uns quatro meses até eu estragar tudo ao *perceber* que estava louca por ele. Em *Fragmentos de um discurso amoroso*, Barthes seleciona várias palavras relacionadas ao universo dos amantes — "sucumbo", "espera", "por quê?" — e expressa de modo fragmentário seus pensamentos, escrevendo também sobre literatura, filosofia e tudo mais relacionado. Eu me senti extremamente exposta em algumas passagens: "Ao mesmo tempo que se pergunta obsessivamente por que não é amado, o sujeito apaixonado vive na crença de que na verdade o objeto amado o ama, mas não o diz". Não se dê o trabalho de ler nenhum dos meus artigos anteriores; esse trecho resume tudo! Mas também terminei o livro querendo mais. Barthes não abordou as especificidades de muita coisa em que tenho interesse, como tentar beijar um gênero ativamente opressor ou, tipo, como mensagens de texto são complicadas. Em contrapartida, SUPERanalisou *Os sofrimentos do jovem Werther*, pelos quais não tenho o menor interesse, e jamais terei!

Então aqui está o livro que eu queria ter lido — não apenas sobre relacionamentos, mas amor em geral; um *Fragmentos de um discurso amoroso*, mas levando em conta o patriarcado e a tecnologia e como as mudanças nos papéis de gênero, na economia e na urbanização transformaram o modo como dois humanos decidem amar um ao outro e estruturar esse amor. E, de quebra, com piadas. Como *Fragmentos de um discurso amoroso*, o grosso deste livro consiste em palavras e frases — "ficar fria", "esquerdomachos profissionalmente inseguros", "subtuítes" —, com algumas páginas de reflexões e definições sobre cada uma, baseadas em minha experiência pessoal, na TV, na literatura e em todos os futuros alternativos que imaginei com Timothée Chalamet; intercaladas com episódios cômicos que não levam a lugar algum e que incluí por diversão e porque o mundo precisa saber que Tom Hanks é o vilão de *Mens@gem para você*.

Este é um livro "caga-regra"? Não. Sinceramente, sou péssima em relacionamentos e todo homem me odeia tanto quanto eu os odeio (eles me odeiam por motivos menos estruturais), então não tenho conselhos a dar. Sério, na boa: não namorei nada no ensino médio e na universidade. Jamais tive um namorado *oficial*, o que me fez cogitar se havia algo de seriamente errado comigo, mas hoje em dia estou mais para "claro, é provável que haja algo de seriamente errado comigo, mas a deficiência de ferro no sangue me impede de agir". Além do mais, eu me amo de qualquer forma, e talvez isso tudo seja um conflito de gerações, no melhor estilo "millennials não compram casa própria porque estamos muito ocupados comprando torradas com abacate e também porque a economia está fodida". Saio com caras casualmente, às vezes por longos períodos de tempo, mas sou péssima nisso também. Levei um pé na bunda em um metrô lotado *recentemente*. De modo geral, não dou NENHUMA indicação da minha atração por homens até ficar claro que não estão a fim de mim, ocasião em que elaboro uma grandiosa declaração de Sentimentos, até que o assunto se torna uma Grande Questão.

Fora isso, conselhos sobre namoro são chatos e não me interessam. E livros de autoajuda parecem bizarramente sexistas — mulheres são estimuladas a achar soluções discretas e administráveis para situações diversas, enquanto homens têm a chance de escrever grandes compêndios filosóficos que não são de grande ajuda para ninguém. Por exemplo, *O banquete*, de Platão, traz a história da origem das almas gêmeas: no princípio, os seres humanos tinham duas caras, quatro pernas e quatro braços, além de força descomunal, e viviam por aí perfeitamente satisfeitos. Para impedir que esses humanos poderosos os sobrepujassem, os deuses os dividiram em dois. A partir de então, as partes vagam pela terra, procurando sua cara-metade. Isso é... a coisa mais estúpida que já ouvi.

Quero reivindicar o privilégio masculino de não ser de grande ajuda. Sério, por definição, provavelmente serei mais prestativa que Platão. Este livro alinha tantas opiniões que, talvez, tenha capturado uma visão de mundo. Então considere-o uma obra da filosofia e acrescente-o, por favor, a sua ementa acadêmica.

Escrevi este livro na esperança de analisar meus sentimentos e de organizar meus pensamentos, para nunca mais ter que escrever ou refletir sobre namoro outra vez. A ideia era escrever este único livro sobre o amor e então esgotar o assunto, assim, quando no futuro alguém perguntasse minha opinião sobre homens e relacionamentos, poderia responder apenas um *Leia o livro!* Eu me preocupei, de verdade, que a decisão de escrever sobre o amor pudesse de alguma forma me transformar em instrumento da minha própria opressão, escolhendo um tópico frívolo em vez de algo significativo... como proliferação nuclear. Meio que pensei: as mulheres não podem escrever sobre outra coisa que não namoro e distúrbios de ansiedade? E então eu meio que [escreve livro sobre namoro].

Mas também acho que as mulheres são criadas para pensar no amor o tempo todo! Cresci assistindo às melhores comédias românticas de Nora Ephron e lendo os melhores romances com tramas casadoiras de Jane Austen, histórias em que o argumento central é o amor, todo mundo é engraçado e os homens são meio péssimos, mesmo quando interpretados por Colin Firth. (Embora tenha levado uns bons dez anos antes que me desse conta de que os homens eram meio péssimos; perceber que os homens são meio péssimos é um marco significativo no moderno despertar feminista.) Outros fatores condicionantes para minha obsessão com o amor: revistas femininas; TV e filmes (assisto bastante, afinal trabalho como produtora em um programa noturno de entrevistas); cada pessoa que me pergunta, constantemente, se há algum homem especial em minha vida. (TODOS os homens são especiais, sua feminazi!)

Então, sinceramente, se já pensei muito sobre amor foi porque VOCÊ ME FEZ ASSIM. E minhas reflexões sobre o tema: são boas. Cheguei à conclusão de que falar sobre amor é o mesmo que discutir salários ou organizar sessões de tomada de consciência. Temos que debater nossas experiências a fim de descobrir o que é normal e, assim, identificar padrões opressivos e encontrar meios de combatê-los. Além disso, jamais entendo QUALQUER mensagem de texto que QUALQUER homem me envia e NECESSITO do poder cerebral coletivo das mulheres da Terra a fim de bolar uma resposta.

CRUSHES

Alegria

Parece que o sentido da vida é tratar todos com gentileza e ser tão alegre quanto possível. Quer dizer, isso ou comprar um bilhão de iates.

Com certeza, o único modo válido ou até mesmo suportável de experimentar o amor e o romance e [cospe no chão por quinze minutos] o NAMORO é com alegria. Mas por causa da quantidade insana de narrativas culturais e do desequilíbrio do poder patriarcal e da idiotice do mito da beleza que envolvem o amor, pode ser MUITO DIFÍCIL escolher esse caminho. É como tentar beijar seu crush fofo enquanto um misturador de cimento operado por Woody Allen despeja guaxinins sobre sua cabeça. Se você é capaz de viver o momento, essa coisa linda está acontecendo (o beijo), mas é loucura acreditar que alguém tem condições de se concentrar nisso enquanto a sociedade nos enche a cabeça com essas histórias malucas sobre como o amor acontece, dando a um dos envolvidos toneladas de poder estrutural sobre o outro, enquanto o tempo todo diz ao parceiro mais fraco que ele PRECISA assegurar a afeição daquele mais poderoso. (Fiel a minha analogia, isso se traduz em guaxinins emaranhando, metodicamente, seu cabelo com a mesma diligência que usam para abrir latas de Pringles e zíper de barracas de camping.) E a cereja do bolo: Woody Allen vive. (Seu crush fofo NÃO É FÃ do Woody Allen, mas não pode deixar de mencionar o quanto *Noivo neurótico, noiva nervosa* foi importante para sua formação.)

Mas o que é a vida senão algo entre quinze e cem anos em um casulo de babaquice social, seguidos de zero a oitenta e cinco anos testando as próprias asas através de leitura, terapia e reflexões sobre a vida e suas escolhas, sentados na margem de um lago? E depois de sentar por tempo suficiente à beira daquele lago, livres do casulo e com as asas abertas, voltaremos a ser como crianças puras, ignorantes da existência do vão entre nossas coxas e capazes de conversar com animais e de respirar debaixo d'água. Então como nos livramos de vez de toda essa crosta imunda que esconde nossa habilidade de encontrar alegria?

Por um tempo, achei que tal alegria pudesse ser alcançada pela eliminação de toda a minha negatividade em relação ao amor. Talvez recorresse a técnicas de meditação transcendental para reconhecer e descartar qualquer pensamento que envolvesse colocar meu Emmy ao lado do Pulitzer de meu marido antes mesmo de sequer ter beijado esse aspirante a escritor. (Além do mais, seria eu a ganhar um Pulitzer — na categoria drama —, assim como dois prêmios Nobel, de literatura e da paz.) Admito, jamais estudei meditação transcendental, mas pesquisei tantas celebridades que citaram o assunto por alto em entrevistas que sinto ter pegado o básico. Eu usava a mesma técnica quando começava a me preocupar se minha aparência era um empecilho para encontrar o amor ou quando agia de modo obsessivo. Mas talvez eu não parasse tudo isso com meditação, talvez fosse apenas o soco de realidade das notícias atuais me impedindo de pensar em qualquer outra coisa. Descobri que não tenho *tempo* para me sentir uma merda quando estou mandando, freneticamente, mensagens sobre John Bolton para meus amigos... SEM RESPOSTA.

Mas apenas se livrar de pensamentos negativos não equivale a ser alegre. Abandonar a negatividade tem mais a ver com "ficar fria" de forma bem-sucedida, um estágio do relacionamento que não inspira manifestações espontâneas de dança ou sorrisos, mas um bocado de prostração em sofás com o celular intocado ao lado. Com certeza é importante se livrar de toda essa merda social fodida — uma pedra no caminho da alegria —, mas criar um déficit de babaquice não quer dizer que a alegria vai tomar seu lugar. Não existem muitos modelos de romances alegres e não neuróticos na cultura pop — pelo menos que eu me lembre —, porque imagino que não seria estimulante para o enredo de um livro ou de uma série de TV ou de um longa-metragem (talvez haja algum filme indie britânico, mas meu serviço de streaming não é poderoso o bastante para achá-lo). Sem histórias ou exemplos aos quais recorrer, essa mentalidade não vai, como num passe de mágica, se infiltrar em nosso cérebro. Então como *podemos* encontrar o fantástico, adorável e divertido lado do romance com o qual, em teoria, estamos tão obcecadas?

Honestamente... não faço ideia. É provável, acho, que tenha a ver com alguma merda zen, como viver cada singelo momento como se o cérebro e o coração abarcassem toda a Terra e, ao mesmo tempo, fossem o menor, mais denso átomo na existência, e cada *quark* nesse átomo estivesse AMANDO a experiência. Recapitulando, pelo que aprendi ao ler todas aquelas entrevistas de celebridades, é provável que isso se chame *mindfulness*, ou seja, atenção plena. Sei que é um conselho tão prosaico que chega a ser frustrante, como quando a revista *Women's Health* que chegava na minha casa todo mês, embora jamais a tenha assinado, alegou que cólicas menstruais podiam ser curadas com exercícios. IMAGINO que seja algo óbvio e cientificamente comprovado, mas já levou em consideração que prefiro pegar uma faca enorme e cortar fora meu útero a vestir uma roupa de academia? Infelizmente, parece que a melhor maneira de encontrar alegria no romance é estar sempre atenta, vivenciar e desejar alegria em cada aspecto de sua vida. Se não tem um modelo de relacionamento feliz e saudável a seguir, deve viver o momento e basicamente criá-lo você mesma ao longo do caminho. Extremamente difícil, eu sei! O objetivo principal das narrativas é justamente eliminar a necessidade de se inventar um novo comportamento humano a cada geração. Mas lembre-se: os neandertais o fizeram... e eram bem mais idiotas que você!

A outra razão pela qual namorar me parece obrigatório se deve a meu desejo de transformar o romance em arte. Fui criada por uma mãe que tinha, tipo, quatro fitas de VHS ao todo, das quais três eram *Harry e Sally — Feitos um para o outro*, *Razão e sensibilidade* e *Mens@gem para você*. (A quarta era... *Voando para casa?*) Não é exagero dizer que vi esses filmes um total de cem vezes, das quais menos de dez por cento foram com carinhas, numa tentativa de flerte. Esses títulos são parte de quem eu sou. São o tipo de arte que aprecio e o tipo de arte que quero fazer: arte sobre pessoas se apaixonando e, mais especificamente, arte sobre Meg Ryan se apaixonando por homens que não a merecem.

Mas é essencial não encarar o romance como essa tarefa obrigatória que você precisa cumprir para avançar até o próximo nível. O que é complicado! Há bem menos pressão social para se casar nos dias de hoje, afinal não mais precisamos de homens para conseguirmos um cartão de crédito e gastarmos todo o nosso dinheiro em sapatos, à la Harry Styles. No entanto, ainda existe muita pressão para se achar um parceiro — não apenas para casar, mas até mesmo para ter o que fofocar com os colegas de trabalho ou ter alguém para levar a todos os casamentos de amigos, parentes e conhecidos endinheirados. Particularmente, eu me sinto como um goblin socialmente inepto por jamais ter tido um namorado. Minha sensação é de que está escrito COMPLICADA E MÁ na minha testa. O que sei não ser verdade. *Sou* um goblin, certo, mas apenas porque sou pequena, maliciosa e ávida por ouro e joias. Mas essa pressão pode se intensificar até se tornar uma necessidade desenfreada de conquistar um parceiro, *qualquer parceiro*, e apesar de algumas pessoas acharem essa vibe pouco atraente, eu digo: quem se importa se é atraente ou não?!

Para sentir a alegria do amor, você precisa acreditar que foi uma opção, não que foi forçada a participar do jogo simplesmente por nascer. Alexandra Molotkow escreveu sobre Carly Rae Jepsen: "Jepsen é velha o bastante para ser cínica, mas não é; tampouco é uma garota ingênua e melosa, mas sim uma pessoa que optou pelo romance por causa da alegria". Optou pelo romance! Por causa da alegria! Não quero ficar de fora, então, em vez disso, tento optar também, com toda intensidade que eu quiser, e sem me sentir mal por isso.

Crushes

Tenho muitos crushes, uma coleção que adoro e cultivo. Gosto de pensar que todos eles são um punhado de pedras preciosas que adquiri, a princípio porque eram bonitas, depois porque supostamente também possuíam propriedades mágicas. Eles me dão alegria em sua imensa variedade e ficam ótimos quando publicados no meu Instagram.

O patriarcado dá muito destaque (e na maior parte negativo) aos crushes femininos. São uma bobagem que distrai as mulheres de problemas mais sérios como, imagino, a composição do solo? Existe uma crença de que a mulher com muitos crushes deve ser alguma espécie de pervertida (como se isso fosse algo ruim). E devido à falta de opções ou à naturalidade em controlar os desejos femininos ou apenas à equivocada premissa de que as mulheres são monogâmicas por natureza, a sociedade supõe que, se uma mulher tem um crush, AI, DEUS, ela VAI ATRÁS DO CRUSH e, por RAZÕES EVOLUTIVAS, vai tentar se apoderar do esperma do sujeito e enganá-lo para que tenha um filho para criar pelo RESTO DE SUA VIDA NATURAL.

Isso não poderia estar mais errado. Meus dois principais Sentimentos em relação a crushes são (1) diversão e (2) quem se importa. A única representação precisa que já vi desse sentimento em qualquer, QUALQUER produção cinematográfica foi em *Caça-fantasmas*, quando Kristen Wiig percebe, corretamente, que Chris Hemsworth é Bem Gato. É idiota e é uma piada recorrente e é uma informação que ocupa a quadragésima posição na lista de coisas mais importantes sobre a personagem. Ter um crush não quer dizer que ela está desesperada nem a diminui em qualquer sentido. E acredito que, depois de cinco-ou-mais mil anos de homens escrevendo sobre suas musas, as mulheres têm o direito de ganhar ao menos uns duzentos anos para falar abertamente sobre as pernas tesudas de Oscar Isaac.

Quer dizer, sim, existem maneiras menos saudáveis de se ter um crush. Ele pode sobrecarregá-la de energia negativa e fazer você se sentir como se estivesse adoecendo em vez de proporcioná-la a vibe boa do Crush Puro, cujo sintoma é cantar "Teenage Dirtbag" no karaokê, anunciando a todos que você conhece apenas a versão do One Direction. No ensino médio, tive esse tipo de crush ruim.

Eu era adolescente, e tudo mais já estava bastante exacerbado, um fato que as pessoas creditam aos hormônios, mas que, no meu caso, também tinha a ver com um extravagante vício em Fun Dip. Era o único doce do qual eu gostava, e jamais tive uma ressaca glicêmica porque meu corpitcho de 14 anos era muito poderoso — e também porque, com certeza, nunca me abstive de Fun Dip pelo tempo necessário para que meus níveis de açúcar no sangue caíssem. Assim como surfistas e personagens de Nancy Meyers que vivem na praia sempre encontram areia nos sapatos, eu encontrava Fun Dip nos bolsos de todas as minhas roupas. Se eu vestisse uma jaqueta que não usava desde o inverno anterior, era zero chance de achar cinco dólares, mas quase cem por cento de probabilidade de encontrar Fun Dip. Passei os anos 2000 hiperativa.

Além de toda essa energia disponível, eu tinha a impressão de que era apropriado manter apenas um crush de cada vez. Então, depois de ampla consideração, amadureci e escolhi amar um garoto que nunca retribuiria o sentimento. Nos quatro anos seguintes, por causa desse garoto, fingi me importar com a futebolisticamente famosa família Manning. Li os livros que ele disse serem seus favoritos. Postei status no Facebook com as letras mais dramáticas do Taking Back Sunday *sem dar crédito*. Um dia, ele e eu rimos na aula de biologia avançada, fomos separados e colocados sentados de lados opostos da sala por falarmos muito, então nos metemos em mais encrenca ao nos encararmos de modo bizarro e sorrirmos um para o outro, cada um de seu canto da sala. Passei muito tempo explicando a meus amigos por que ele não era um babaca completo e por que precisava continuar com sua namorada cristã e popular, que era convencionalmente considerada gata. Fiz isso durante todo o ensino médio e não me senti valorizada de forma alguma. Nem ao menos me inspirou a fazer alguma arte porque, na época, eu achava que iria crescer e me tornar presidente. (Isso foi antes de descobrir que mulheres não podem ser presidentes.)

E ENTÃO, alguns anos depois da faculdade, durante minhas férias em Seattle, dirigi por três horas para tomar um drinque em Portland com esse meu crush do ensino médio. Começamos a falar de feminismo, e, ao que parecia, ele jamais tinha ouvido falar de "privilégio". Quando expliquei, o crush NÃO engoliu nada daquilo: ele, um homem branco, não havia conquistado tudo o que queria e tinha sofrido algumas tragédias pessoais, então como ele tinha alguma vantagem estrutural sobre mulheres e pessoas não brancas e pessoas pobres? E eu meio que fiquei "AHHHH, MAS" e "OI, COMO ASSIM?" e "RACISMO É UM SISTEMA", mas por fim ele me disse, e repito aqui: "Você mudou muito desde o ensino médio. Está raivosa. Não gosto da pessoa que se tornou".

Isso, vindo da pessoa em quem eu havia pensado quarenta e cinco por cento do tempo entre 2004 e 2009, foi tão devastador que era quase hilário. Não sabia que as pessoas falavam para outras que não gostavam de quem elas tinham se tornado, a não ser em filmes de super-herói, quando o super-herói chega muito perto de usar seu poder para o mal. Deixei Portland às pressas, parando assim que saí da cidade para fazer xixi e mandar uma mensagem a todos que conheceram meu crush e eu, mas que definitivamente gostavam mais de mim.

Bem, isso tudo foi só para dizer que... talvez seja mais saudável ter um monte de crushes para dispersar tamanha energia. Essa mira laser pode ser corrosiva, fazendo com que você invista intensamente naquela pessoa e nas narrativas que criou sobre ela. Mas amplie o foco para cinquenta homens gritando "Eu sou um crush!", como no fim de *Spartacus*, e é uma quantidade de energia divertida, atrevida e ótima que você gasta com cada um, e todo mundo vai embora feliz. É como *Spartacus* termina, certo?

AMO pensar em meus milhões de crushes. Amo pensar neles como um pequeno grupo de operários a meu comando. Amo pensar em países inteiros povoados por meus crushes: algum lugar remoto, como as Ilhas Faroé, meus crushes de suéter de tricô, bebendo café em canecas de cerâmica, exibindo um comportamento exemplar e, de algum modo, sempre ignorantes de que todos me conhecem.

Amo quando muitos de meus crushes aparecem em uma festa! Ah, não! Meus muitos crushes! Interagindo! É como nas últimas temporadas de *Game of Thrones*, quando os preferidos dos fãs se encontram pela primeira vez, só que, no caso, sou a única fã e talvez beije todos, então preciso que a trupe, com exceção de um, volte para casa.

Certa vez, dei uma festa com muitos crushes e um deles chamou um Uber Pool para ir embora, e quando o motorista encostou, um homem abaixou a janela e gritou "Blythe??! Roberson???". Outro de meus crushes.

Recomendo fortemente crushes em número suficiente para que se encontrem na loucura da vida e cacem as próprias aventuras.

"Mas não conheço milhões de crushes", você pode dizer, de olhos fechados, batendo a cabeça numa parede repetidas vezes. Ouça: na abordagem mais generosa e franca do universo, todo mundo é atraente e somos apenas cães tentando nosso melhor. Todo mundo pode ter um universo inteiro dentro de si se você conseguir fazê-los falar sobre o que realmente gostam (todo mundo exceto... Jason Segel). Se prestar atenção, um monte de gente é interessante de um jeito meio "talvez devêssemos enroscar nossas línguas???".

Não é sobre você

O mais bacana de ter crushes é que o sentimento não tem nada a ver com o seu objeto de afeto! Desculpa, meus queridos crushes: como é verdade para absolutamente tudo na minha vida, isso tem a ver com Blythe Roberson! (Eu, não a adolescente chamada Blythe Roberson que me segue no Instagram e é muito mais gata e rica que eu.)

Basicamente, crushes são energia amorosa interior, cuja chave de acesso é a ideia que você faz da outra pessoa. É uma energia amorosa potencial, ao contrário da energia amorosa cinética de um relacionamento que realmente existe. O ideal platônico de uma paixonite toda-a-ver-com-quem-crusha é aquele que você nutre quando criança — o que você faria com um moleque de 10 anos, mesmo que ele tivesse um crush em você também? —, ou aquele por celebridades que você sabe que jamais vai encontrar e que, na verdade, nem quer encontrar, porque isso mataria a ilusão e arruinaria tudo. (Uma vez, eu estava caminhando na calçada quando Tom Hiddleston saiu de uma porta a um metro de mim, então, para evitar encontrá-lo, instintivamente dei meia-volta, indo direto para o meio da rua.) Mas crushes de energia potencial também são válidos quando surgem de uma mulher adulta alimentando uma paixonite por um homem que realmente faz parte de sua vida. Essa energia potencial é acessada por meio de imaginação e projeção.

Imaginação: vamos supor que eu esteja prestes a adormecer, ou em um trem e cansada de ler meu livro deprimente sobre o apocalipse, ou assistindo a uma peça cheia de referências fora de contexto de *Jornada nas estrelas*, o que soava incrível na teoria, mas na prática faz com que eu me arrependa de ter nascido. Uso esses (e muitos outros!) momentos para pensar sobre meu atual crush e imaginar cada estágio de nosso relacionamento, do primeiro beijo à revelação do namoro aos amigos, a meu prêmio Emmy, a sua decisão de se aposentar supercedo (ah, não!), a nós dois convencendo cinco ótimos amigos a se mudar para Montana conosco, então nós sete caindo juntos em um desfiladeiro e morrendo.

"POR QUÊ??! VOCÊ IRIA... IMAGINAR TODOS ESSES DETALHES sobre alguém que MAL CONHECE... SUA... LOUCA?", você pode perguntar. Bem, sabe aquele lance da psicologia esportiva em que você visualiza seu saque no tênis umas duzentas vezes e, quando joga para valer, se sai MESMO melhor?

Funciona de verdade! E digo mais: imagino o ciclo de relacionamento completo com homens gatos porque é #divertido pra caralho fantasiar sobre alguém antes de conhecer esse alguém e ele foder com tudo graças a sua cotidianidade-de-pessoa-real. Na minha mente, ele é muito educado e não tem um pingo do ódio inconsciente a mulheres. Ele responde mensagens de pronto e o progresso de nossa relação é constante e linear. É um ótimo passatempo!

Projetar tem menos a ver com entretenimento/um modo de matar abomináveis quarenta e cinco minutos em um teatro, e mais com usar a ideia de uma outra pessoa para descobrir o que você acha importante em um amante. Tavi Gevinson escreveu lindamente sobre como fandom é, em última instância, sobre o fã. Ela usa o exemplo das *boy bands*, cuja intenção é tentar ser uma tela em branco na qual as meninas podem projetar seus desejos. Por isso todos os garotos são pseudoagradáveis, e todas as músicas, altamente esquecíveis. (Sério, o quão banais são as letras? Por anos, minha amiga Fran Hoepfner e eu quisemos fazer uma tatuagem igual do One Direction, mas jamais chegamos a um acordo, porque todas as letras eram péssimas e todos os títulos de música eram péssimos.) Os meninos incorporam arquétipos (Niall é o garotão; Harry, o artista; Louis, aquele que teve um filho com uma "amiga muito íntima") entre os quais as garotas podem escolher, refinando e reconhecendo seus gostos antes que precisem se decidir por garotos reais em condições normais, não laboratoriais. A inerente postura das *boy bands* como telas em branco para jovens mentes femininas *incomoda* muitos homens que talvez NÃO PERCEBAM o que está acontecendo e que podem também ter desenvolvido uma necessidade latente de depreciar coisas feitas especificamente para mulheres, em especial se essas elas são jovens. Eles precisam provar que odeiam essas coisas cujo público-alvo é feminino, porque a sociedade ensinou aos homens que jovens mulheres são idiotas e estúpidas e sem valor, então se eles gostam das mesmas coisas que jovens mulheres, são idiotas e estúpidos graças à relação transitiva. É pura matemática, coisa que os homens adoram! Resumindo: é pelo fato de valorizar jovens mulheres que Harry Styles deveria ser presidente.

Usar um crush para aprender sobre si mesma é ainda mais óbvio quando se é uma criança, tentando talhar uma identidade no bloco de mármore da "simples existência". Por favor, acomode-se em seu confortável divã de couro falso enquanto conto sobre minha primeira grande, idiota e ardente paixonite por um cara que vou chamar de "Kyle", porque o nome soa hilário a meus ouvidos.

Nenhuma experiência em minha vida jamais vai se equiparar à tensão sexual das excursões do ensino fundamental: os arrepios, a euforia, a absoluta presença e atenção que conseguia sempre que estava com Kyle em um ônibus por uma hora.

Ele era alto e magro, com cabelo castanho volumoso e encaracolado, e era mais velho: estava no último ano do ensino fundamental II, enquanto eu cursava o primeiro. Tinha um quê de artista — primeiro trombonista na banda da escola —, mas também era bem convencional. Em outras palavras: era meu número. Eu ainda não sabia disso, porque ainda não tinha um número. Kyle *criou* o meu número. Quando o conheci, não entendi o que me pegou. Apenas achei que "obcecada por Kyle" seria uma característica minha pelo resto da vida.

Meu objetivo não era exatamente seduzir o menino, porque eu tinha 11 anos e nenhuma sexualidade. Nem mesmo conseguia pronunciar a palavra "sutiã" em voz alta e, se Kyle tivesse me beijado, com certeza teria chorado de sobrecarga sensorial. Em vez disso, meu objetivo era, tipo, absorver a totalidade de Kyle em meu corpo. Eu não atuava de um lugar de poder. Estava tão hiperativa que eu literalmente marchava pelos corredores com minha melhor amiga, Ariel, que tocava na banda marcial comigo e com Kyle. Eu era uma sabe-tudo em constante busca por perguntas. Um de meus looks preferidos, blusa e calça boca de sino, ambas rosa-bebê, quase andava sozinho, até que a amiga descolada de Kyle, uma veterana chamada Kait, comentou: "Ah, que fofa, mas estou muito velha para usar esse tipo de coisa".

Aquelas excursões de ônibus proporcionaram um ambiente controlado onde eu podia me entregar àquele crush gigante e ferrenho. Eu sentava o mais perto possível de Kyle, mas não ao seu lado, porque (a) quem eu pensava que era e (b) acabaria explodindo se me sentasse colada a ele por uma hora. Com frequência, eu me sentava no lugar a sua frente e virava a cabeça sem parar a fim de fazer algum comentário, ou às vezes escolhia o assento do outro lado do corredor e tentava parecer descolada, sentada de forma relaxada, ou, no pior dos casos, às vezes me sentava dois lugares à frente e na diagonal, desesperadamente inclinada no corredor para chamar a atenção de Kyle enquanto Ariel jogava partes de meu material escolar pela janela, uma vingança por eu ter conquistado o melhor assento.

Eu ficava inteiramente alerta e magnetizada durante cada segundo de cada uma daquelas excursões de ônibus. Sério, jamais experimentei nada parecido. A analogia mais aproximada em que consigo pensar é o modo como estrelas do rock descrevem a sensação de se apresentar ao vivo — conectividade total e poder, como se apenas no palco vivenciassem a própria plenitude. O foco está tão preso no momento que com frequência não conseguem se lembrar dos shows em detalhes, e seja por algo semelhante ou porque já se passaram dezesseis anos, também não consigo me lembrar muito bem dos meus passeios de ônibus com Kyle. Mas me lembro disso: antes de uma dessas excursões, de algum modo descolei um pequeno hipopótamo de pelúcia. No ônibus, Kyle fingiu se apaixonar pelo hipopótamo, então O BICHO SE TORNOU UM OBJETO INESTIMÁVEL PARA MIM, E EU AINDA O TENHO. ESTÁ NO PORÃO DO MEU PAI.

O que eu não lembro: quase nada concreto sobre Kyle. Não consigo evocar coisa alguma sobre sua personalidade — talvez porque ninguém tenha uma personalidade no ensino fundamental, especialmente garotos. Não sei ao certo o que aconteceu com ele depois da formatura de nossa escola. Pode ter cursado o ensino médio na mesma escola que eu, mas não tenho nenhuma recordação. Kyle ocupou parte significativa de meus pensamentos quando eu tinha de 11 para 12 anos. Hoje em dia, ele é muito difícil de ser encontrado no Google, mas isso não me incomoda.

O que importa é o modo insano como Kyle me fazia sentir. Ser obcecada por ele foi minha introdução a sentimentos obsessivos/românticos sem qualquer reciprocidade ou até mesmo a possibilidade de reciprocidade. Isso me ajudou a entender *o que*, especificamente, me atraía em Kyle e o que, em geral, me atrairia pelos próximos setecentos anos da minha vida. Ele era um garoto bem real, vivo, respirante, mas também um quadro branco por meio do qual eu descobri um monte de coisa.

Crushes adultos em um estágio bem inicial são similares àqueles da escola fundamental, ou aos crushes em celebridades. Se tudo o que você sabe sobre uma nova paixonite é como ela é engraçada e como se parece com Jack Antonoff, esse crush também funciona como uma tela em branco na qual você pode projetar qualquer coisa. A essa altura, você é basicamente fã de um indivíduo pseudoconhecido. Você cria uma ideia dele, uma que ama, e pouco importa como ele se sente, porque você não pretende incomodá-lo — TALVEZ toque no assunto com outras mulheres, mas do mesmo modo que conversaria sobre o novo *Queer Eye* (TAN é o melhor, não quero saber de Antoni!!!). Os problemas surgem apenas quando forças exteriores (leia-se: o patriarcado) decidem que você está se comportando como a louca dos relacionamentos.

A louca dos relacionamentos

Você já ouviu falar de *O mito da beleza*, da Naomi Wolf, talvez no Tumblr ou em alguma aula de estudos de gênero ou com meus berros tentando convencer você, apesar de tê-la conhecido há dois segundos, a ler o livro que mudou minha vida? É um livro sobre como o conceito moderno de beleza corrobora um sistema patriarcal que oprime as mulheres ao convencê-las de que precisam alcançar um ideal impossível de beleza que é completamente dissociado da realidade e calcado na supremacia branca. Você sabe, coisa de garota!

Satisfazer ou não os punitivos padrões de beleza de nossa cultura determina se as mulheres vão conseguir empregos, encontrar o amor ou se serão tratadas com gentileza por estranhos. As mulheres são duramente policiadas e punidas se não se adaptam — mas, se o fazem, são chamadas de frívolas, superficiais, egoístas, inseguras... insira aqui seu insulto predileto! O caminho reservado às mulheres é estreito, quase inexistente, e a jornada requer consciência e atenção constantes.

O trecho que me convenceu a ler *O mito da beleza*: "Uma fixação cultural na magreza feminina não é uma obsessão com a beleza feminina, mas uma obsessão com a obediência feminina. O hábito da dieta é o mais possante sedativo político na história feminina. Uma população tranquilamente alucinada é mais dócil". Como alguém que passou fome direto por dois anos no ensino médio, posso confirmar, com cem por cento de precisão, que eu tinha zero condição de pensar em como derrubar o patriarcado, ou até mesmo aprender sobre o patriarcado! Pensava quase exclusivamente em pepinos e iogurtes de 90 calorias.

Citei *O mito da beleza* porque em *romances acontece o mesmo, acho.*

Cheguei a essa conclusão quando um cara passou meses me enviando sinais estranhos, o que me levava a usar toda a capacidade de meu cérebro para entender que merda estava acontecendo. Então percebi: ah, isso é um lance político, porque em vez de focar na revolução sociomatriarco-interseccional, vinha me concentrando em determinar se o que aconteceu tinha sido ou não um encontro.

A sociedade desde *sempre* disse às mulheres que encontrar um parceiro é crucial. Durante grande parte da história, elas PRECISARAM encontrar maridos por uma questão econômica!

Por isso o flerte de Lizzie Bennet e do Sr. Darcy é tão tenso: se ele não se decidir pelo casamento, ela vai acabar morrendo de fome. Até recentemente, na década de 1970, as mulheres nem mesmo podiam ter cartões de crédito próprios — o que, mais uma vez, me levaria, no mínimo, à morte por inanição, considerando que só compro comida por aplicativo. Ainda hoje, há uma pressão constante para (a) encontrar um parceiro e (b) receber validação masculina; duas coisas independentes, porém relacionadas. Essa pressão vem de incontáveis facetas da sociedade: desde as incessantes perguntas de amigos e familiares sobre sua vida amorosa até uma enxurrada de filmes e músicas sobre relacionamentos, assim como o constante interesse a respeito de se uma celebridade do sexo feminino já encontrou um homem ou se é uma megera solteirona destinada a morrer sozinha. (Enquanto homens com namoros em série — ou com nenhum — são aplaudidos por terem uma fila de mulheres correndo atrás.)

As mulheres são tão bombardeadas por propagandas que enfatizam a importância de se encontrar um parceiro que somos forçadas a pensar com frequência no assunto. Diferente dos homens, temos um segundo emprego em tempo integral!

Talvez esse fato explique parte da contínua popularidade de *The Bachelor*. O programa recria essa pressão em circunstâncias quase científicas, privando as participantes de qualquer estímulo externo (como acesso à internet e ligações telefônicas) a fim de que não tenham outro pensamento senão conquistar a afeição de um homem. E toda a premissa do programa é que vinte e cinco mulheres gatas — nos padrões televisivos —, novas e divertidas se estapeiem por um Ben Higgins (tanto o nome de um dos solteiros quanto uma denominação composta de todos eles) tedioso e gato (de um jeito tedioso). "Ah, é como namorar em Nova York", pensei enquanto assistia ao programa: todo cara "blé" aqui tem duas mil das mulheres mais legais do país tentando conquistá-lo. Mas aqui vai a real: esse princípio da escassez, criado por artigos alarmistas como "EXISTEM SETE MULHERES PARA CADA HOMEM EM NOVA YORK", tem por objetivo incutir o pânico nas mulheres, desviando sua atenção para os relacionamentos em vez de, sei lá, a formação de um sindicato? Tendo em vista essas táticas, não é nenhuma surpresa que as mulheres do *The Bachelor* tramem e chorem. É a resposta lógica.

(Claro, muitas feministas, inclusive eu, adoram assistir a *The Bachelor*. É legal assistir a uma versão altamente diluída das maquinações usadas para nos enlouquecer! E, além disso, as locações são lindas e os produtores sabem mesmo como infernizar os participantes a fim de fazê-los agir de modo extremamente dramático o tempo todo. Mas prefiro *Unreal* a *The Bachelor*, afinal me lembra de que, ah, sim, estou sendo manipulada para ser insana com relação ao amor — um lembrete que muito aprecio!)

Então, quando mulheres não têm um parceiro, são punidas e ridicularizadas. Mas quando se adaptam e passam muito tempo pensando e falando sobre romance, são chamadas de intensas demais (enquanto homens que se importam com questões românticas não são chamados de intensos). Como diz em *O mito da beleza*, você é punida de um jeito ou de outro e novamente forçada a enveredar por um caminho impossivelmente estreito. O tempo e a energia que as mulheres precisam gastar para contornar tudo isso é o motivo pelo qual se trata de uma questão política: é um desperdício do tempo que podíamos ter gasto disputando eleições, fazendo dinheiro ou resolvendo a crise do mercado imobiliário de 2006 (acabei de ver *A grande aposta* no avião!). Porra, mesmo que só me tirassem o tempo que eu poderia ter passado em uma banheira de água quente, tentando ler e descobrindo que não consigo por causa das mãos muito molhadas: ainda estaria puta. Homens (também conhecidos como uma sociedade patriarcal concebida para beneficiar os homens) me enganaram para que eu passasse muito tempo pensando neles, tempo que jamais vou recuperar. Mas adivinhem só, homens: estou pensando em um modo de depor vocês.

Mente de mão única

A maneira mais fácil de transformar um crush administrável e alegre na medida certa em um trambolho obsessivo, não--exatamente-pesado-apenas-esquisito, é se permitir pensar constantemente no objeto de seu desejo. Até entendo *por que* você gostaria de pensar em seu crush o tempo todo — é melhor que pensar em qualquer outra coisa que esteja acontecendo atualmente no mundo. Se posso escolher pensar sobre antivacinistas, o crescente isolacionismo americano ou uma pegação com um cara gato em nossa imensa casa de campo, fico com a pegação! Além disso, é divertido e reconfortante imaginar um futuro com alguém. É agradável contar a si mesma histórias nas quais sua vida parece ótima!

É provável que, se você está pensando tanto assim no seu crush, também esteja falando dele o tempo todo. Isso é meio bizarro, sim, mas, antes de tudo, é chato. Seus sentimentos por qualquer gato específico são a coisa menos interessante a seu respeito. *E você sabe disso!!* Com certeza você tenta evitar tocar no assunto. Infelizmente, uma das características de quem está completamente obcecada por alguém é conseguir relacionar qualquer coisa — *Black Mirror*, a constituição não escrita do Reino Unido, um vídeo de um grupo de lêmures atacando um repórter — com a pessoa de seu interesse.

De certo modo, quando estou tão louca assim por alguém (meu fardo psíquico em noventa por cento do tempo), sinto um prazer perverso em chafurdar publicamente em minha obsessão. Sou completamente surtada e quero que o mundo saiba! Posso estar no trabalho, mas minha mente foca em *outras coisas*, tipo no nome dos meus futuros filhos com o crush, Aoife e Caoimhe Roberson-Chalamet. (Mudei o nome do meu crush para Timothée Chalamet a fim de proteger o cara ainda ignorante da minha paixonite e também para alertar Timothée Chalamet do fato de que quero ter duas filhas irlandesas com ele.) Eu falava tanto do sujeito que até meu chefe, uma pessoa muito profissional, começou a dizer "Ahh, Timothée" sempre que eu soltava um "TIMOTHÉE ACHA QUE...". Eu tinha uma pessoa que era amiga mútua de nós dois que se sentia especialmente desconfortável quando o assunto era Timothée, mas eu não conseguia me controlar, pois estava obcecada.

Em *Fragmentos de um discurso amoroso*, Barthes escreve: "O amor tinha feito dele uma catástrofe social e ele se regozijava disso". Após refletir sobre o assunto, tenho certeza de que Barthes falava de algo bem diferente do que o que estou descrevendo, como quando pensei que a frase de Georgia O'Keeffe — "Sua vida é sua arte assim como a coisa a que chama de sua arte" — tinha a ver com ser uma boa pessoa e depois descobri que era sobre, tipo, organizar suas prateleiras de livros por cor. Mas há algo de gratificante em ser uma catástrofe social. Aprecio como meus crushes podem me tornar uma pessoa verdadeiramente insana e uma péssima companhia. São muitos sentimentos ao mesmo tempo e, apesar de incomodar outras pessoas, é aquilo: os peixes definitivamente não acham isso! A grama não acha isso! Eu sou humana, e [berra no megafone] chupa, seu idiota: eu tenho um crush! Meu crush é o ser humano mais gato do mundo, e se meu chefe/amigos/motorista de aplicativo o vissem, saberiam. Na verdade, tenho uma foto bem aqui, venham ver! Ao pensar e falar sobre o meu crush o tempo inteiro, meu amor se torna real na mente de todos assim como é na minha.

Por outro lado, é provável que, ao pensar sobre seu objeto de desejo por muito tempo, você sufoque o relacionamento real com o peso das narrativas que cria em sua cabeça. Você não está dando espaço para esse relacionamento crescer e surpreender e apenas existir. Tipo, eu *acho* que sou capaz de agir normalmente depois de imaginar cada cenário possível onde eu beijo um cara pela primeira vez; de ponderar se eu passaria a noite com ele após ficarmos juntos; se eu responderia sim a sua ideia de um relacionamento fechado; como nossos amigos reagiriam quando terminássemos. Mas seria bem melhor ter *certeza* de que reagi com naturalidade por não ter pensado em todas essas possibilidades.

Tópicos interessantes sobre os quais pensar e falar que não algum cara com quem você saiu umas duas vezes e meia, mas nunca beijou

◆ Planeje uma viagem de carro pelo sudoeste dos Estados Unidos. Insira cada destino no Google Maps para perder mais tempo.

◆ Quem devia ter interpretado o jovem Dumbledore no lugar de Jude Law, que não é jovem. (Ben Whishaw.)

◆ Por que o Twitter e o Facebook protegem homens brancos poderosos, mas não muçulmanos, pessoas não brancas ou mulheres.

◆ Você deveria se tornar católica de novo?

◆ O fato de que Leonardo da Vinci era um notório procrastinador e terminou apenas, tipo, quinze pinturas em toda a vida. O sucesso é inteiramente arbitrário? Ou apenas bem mais fácil para homens brancos, mesmo sem a menor ética de trabalho?

◆ Buzz Aldrin já caminhou sobre a lua; isso o torna uma bruxa honorária?

◆ Um gambá que recentemente invadiu uma loja de bebidas e se embebedou.

◆ Walt Whitman, talvez? Sei lá, cara, me pergunto se alguém taggeou alguma foto nova desse gato no Instagram nos últimos doze minutos.

Crushes desfocados

Há um momento no início de uma paixonite em que não consigo me lembrar exatamente da aparência do crush. Talvez seja porque, em geral, tenho crushes em homens que são muito parecidos e meio que se misturam em minha mente. Talvez seja porque não consigo tirá-los da cabeça, e a ciência diz que as memórias são alteradas cada vez que as revisitamos. Talvez seja porque sofro de um tipo bem específico de amnésia, também responsável por minha incapacidade crônica de lembrar a quem emprestei qualquer um de meus livros.

Encontrei algo semelhante a essa sensação em *A época da inocência*, de Edith Wharton. Newland Archer, o protagonista/anti-herói, diz a seu desafortunado amor, Ellen, "Sempre que vejo você, é como se fosse a primeira vez". O que não quer dizer que ele não consiga se lembrar da aparência dela — embora a internet não existisse e você não pudesse stalkear as pessoas no Twitter, então não me surpreenderia se ninguém em 1870 se lembrasse da cara de ninguém. Mas Wharton capturou aqui a *essência* da experiência do crush desfocado, que é isso: toda vez que o vejo, renovo toda a intensidade da minha paixonite e, de súbito, sou lembrada de todos os detalhes que o fazem um ser humano tão fantástico e vital e pegável. Queria poder gravar essas particularidades em minha mente, mas fico muito distraída no momento.

A sensação tem mais a ver com o episódio de *Sex and the City* em que Carrie não consegue se lembrar da cara de Berger, que é o que acontece quando ela realmente gosta de alguém. Eu sequer teria notado o fenômeno se não tivesse passado o verão antes da faculdade alugando DVDs de cada temporada da série na Biblioteca Pública de Antioch. Outra coisa: pelo menos uma vez ao dia, noto um alçapão na calçada e penso no episódio em que Samantha cai em um. Mas às vezes me pergunto se *Sex and the City* me deu a base para entender e nomear essa coisa orgânica ou se meu desempenho no campo romântico foi fortemente influenciado pelo seriado, e a única razão pela qual esqueço o rosto de caras gatos é porque Carrie também faz isso. Assim como a tecnologia e a medicina se construíram sobre os alicerces deixados por gerações anteriores, acredito que nosso modo de amar e de pensar seja influenciado pelo peso de gerações de narrativas sobre como fazer essas coisas. Não posso evitar a pergunta: temos livre-arbítrio nos relacionamentos ou estamos sempre replicando algo que vimos na TV?

De qualquer forma, isso me aconteceu bastante com um certo cara de quem eu gostava, a ponto de eu contar a ele que, quando não estávamos juntos, era incapaz de lembrar exatamente a aparência dele, fora que sempre me sobressaltava um pouco ao reencontrá-lo. (Nunca mais nos beijamos, mas ainda acontece. Há pouco, eu o vi no teatro, procurando seu assento, e arfei tão alto que várias pessoas se viraram.) Quando contei isso a ele, a resposta foi (a) do que diabos você está falando e (b) por que está me contando isso. O homem, óbvio, jamais tinha visto o episódio cinco da quinta temporada de *Sex and the City*. Eu disse que provavelmente era porque ele ficava diferente de óculos, e seguimos adiante.

Ok, claro

Barthes escreve que "fica-se estupefato quando se ouve alguém *decidir* se apaixonar", mas com frequência no curso de minha vida suspeitei de que um cara estava a fim de mim e decidi que ok, claro, posso ficar a fim dele também. Não é assim MUITO DIFÍCIL se prender na armadilha de uma espiral de pensamento obsessivo, e o fato de a pessoa estar a fim de você parece uma razão tão boa quanto qualquer outra. A bioantropóloga Dra. Helen Fisher descreve o fenômeno em *Anatomia do amor*; ela diz que preferimos aqueles que gostam de nós porque apreciamos a sensação de sermos gostáveis. Quando você passa o tempo se preocupando que a fronteira entre o bem e o mal cruza o coração de cada ser humano EXCETO O SEU, um ser de PURA MALÍCIA, é legal sair com um cara que acha você (a) boa e (b) gata!

De certo modo, é legal que eu possa me convencer a ficar a fim de qualquer um. Somos todos humanos, há algo para se amar em qualquer um, conexão é importante para nossa espécie e, no fim do dia, todo mundo é atraente. E talvez parte de todo relacionamento romântico seja ignorar, de bom grado, características do outro que você não considere intrinsecamente sedutoras. Ninguém é perfeito; não há uma metade de você vagando por aí, alguém que ame as mesmas músicas, compartilhe de suas opiniões progressivas demais sobre filmes de super-heróis e que pareça a versão adulta de seu crush da sexta série. É uma habilidade essencial no universo hétero: mulheres interessadas em homens precisam ignorar, de forma seletiva, o fato de que seu parceiro se beneficia de uma cultura que as oprime e que, de muitas maneiras, ele participa ativamente desse sistema. Se você se recusasse a namorar todo homem que não se interessa em saber como Pablo Picasso tratava as mulheres de sua vida, ou que pensa que a diferença de salários tem a ver com escolhas pessoais, ou que acredita que todas as suas reclamações sobre sexismo parecem tediosas, talvez não sobrasse ninguém com quem se envolver. Então, na prática, quando um homem que em todos os outros aspectos parece um Aliado Bom e Gostoso e vacila em alguma pauta feminista, ou faz uma piada meio escrota, você arquiva a informação para tentar mudá-lo mais tarde e se lembra de que LÁ LÁ LÁ ele é alto e bom com crianças! Não me casaria com o sujeito, mas às vezes só queremos muito ter alguém com quem tomar drinques sexies por alguns meses!

A decisão de se sentir atraída por alguém pode ajudá-la a "praticar" o amor enquanto jovem, vivenciá-lo sem grandes prejuízos. Elena, a heroína adolescente de *A amiga genial*, da Elena Ferrante, se refere ao namorado como um "fantasma útil". E, claro, se as duas partes estão de acordo quanto a um certo distanciamento meio *laissez-faire* quem-se-importa, então caiam de boca, crianças. Apesar de existirem maneiras melhores de passar o tempo, talvez? Como cavar um buraco bem, bem fundo por diversão, ficar preso no buraco e atrair um circo midiático em nível nacional?

Mas se forçar a gostar de alguém apenas porque ele gosta de você me parece um frágil alicerce para qualquer coisa concreta. Ouvi alguém dizer por aí (provavelmente li na *Elle Girl* quando tinha 11 anos) que, ao enumerar o que amamos em alguém, não é amor verdadeiro se todos os itens tiverem a ver com a gente: "Ele faz eu me sentir gata", "Amo como ele presta atenção em mim", "Ele me disse que não leria este livro por respeito a minha privacidade, mas sabe que é brilhante".

"Ok, claro" é ainda MENOS saudável quando — como já me aconteceu — você ainda nem está totalmente convencida de que o cara está a fim de você e, após uma análise profunda, descobre que ele não está. Diz Barthes: "Eu pensava que sofria por não ser amado, mas é porque eu acreditava ser amado que eu sofria; eu vivia na complicação de me acreditar ao mesmo tempo amado e abandonado". Tipo: *como um ato de caridade*, decidi ficar obcecada por você porque eu notei que você estava secreta e timidamente a fim de mim. Aí no fim das contas descobri que você só não tinha amigos na sua cidade nova e agora fico acordando o amigo que mora comigo para analisar cada mensagem que você me envia??? Já supersuperei o fenômeno de ter um colapso nervoso sempre que os caras QUE NEM me interessam não respondem minhas mensagens.

Para agravar o quadro, há minha crença de que todo mundo está secretamente apaixonado por mim. Estamos todos familiarizados com a convicção, ou opinião, de que alguém é inamável em seu âmago; existem tantas personagens "solteiras e infelizes" na TV e na vida. Quando me mudei para Nova York, uma colega de trabalho me disse que eu estava perigosamente inclinada a me tornar a figurante solteira e tristonha, muito embora eu apenas fosse uma legítima garota solteira! Que nem mesmo se sentia muito triste quanto ao assunto! Meu palpite é que a cisma de que todo mundo está secretamente apaixonado por você tem relação com a atual cultura da autoestima, em que revistas e professoras bem-intencionadas combatem uma sociedade que constantemente inferioriza mulheres nos dizendo que, em vez disso, devemos sentir o tempo todo que somos as melhores. É uma mensagem legal, mas sem um exame de como e por que as mulheres são oprimidas, gera confusão.

Isso tanto me faz crer que todo mundo está a fim de mim QUANTO faz eu me sentir inerentemente inamável. (Em vez disso, talvez devêssemos apenas ser gentis e amáveis com nós mesmas, sem ter de acreditar que somos heroínas imortais.) Quando você tem certeza de que todo mundo está apaixonado por você, pode decidir que está apaixonada por qualquer um. Motivo pelo qual acabei com um número de crushes maior que a população da Islândia.

Gestão de homem

Quando você está casualmente conversando/trocando mensagem/saindo com/beijando/ansiando se encontrar pessoalmente com múltiplos homens, pode ser bem difícil gerenciar tudo. Talvez no tempo em que a linguagem escrita ainda não existia e todo mundo precisava saber a *Ilíada* de cor, a memória humana fosse melhor e as pessoas conseguissem se lembrar do status delas com cada um dos crushes. Mas hoje existe a internet, e mesmo quando eu estava no ensino médio, meus professores desistiram de nos pedir para memorizar as coisas porque "na vida real você pode simplesmente consultar o Google". Por causa disso, nem consigo lembrar quem SÃO meus crushes em determinados momentos.

Com certeza, há várias maneiras de lidar com essa situação. Você pode trocar o nome de seus peguetes no celular de "Graham da Festa" para "Graham do Beijo" para "Graham que Não Responde". Pode inventar um app de rastreamento de crush, como os de ciclo menstrual, só que destinado a boys. (Se já não existir, troco a ideia por dez mil dólares ou minha própria série de TV a cabo.) Minha amiga muito genial Fran criou um grupo secreto no Facebook para suas paixonites. Mas meu método pessoal é uma planilha (privada!) no Google Docs.

Em um momento de desespero na primavera de 2016, para provar a mim mesma que conhecia caras bafônicos, fiz uma planilha bem simples de homens e minha relação com eles. Isso é normal, até porque namorar é um trabalho inventado para manter as mulheres ocupadas e se for para ter um segundo emprego, então eu posso muito bem usar o conhecimento avançado de Google Docs que botei no meu maldito currículo. Infelizmente, essa planilha apenas me deixou deprimida. Em STATUS lia-se "Não quer sair", "Não quer sair", "Não quer sair", "???", "Jamais encontrei essa pessoa", "Plano decenal", outro "???" e, enfim, "Claramente não gosta de mim".

Deletei aquilo. Aí, em outro momento de desespero, meses depois, criei uma planilha muito semelhante, dessa vez ranqueando os homens pela plausibilidade de beijo (os três últimos dos quatro da lista eram "plano decenal"). Mas, como por encanto, transei com o primeiro colocado na mesma noite em que fiz a planilha. A vida é sem sentido e nada acontece por uma razão.

De maneira objetiva, realmente acho que seria útil listar todos os homens que considero atraentes *se* estivesse disposta a ir atrás deles. Em vez disso, gosto de me recolher com minha escrita e apenas "esperar que a magia aconteça". A graça e excitação de não fazer nada é que isso nunca vai funcionar, porque relacionamentos humanos não são mágicos. Mas me convenci de que se por alguma razão *funcionar*, o fato de eu não ter tomado uma atitude torna tudo mais puro. Ter um sistema de catalogação para homens com os quais quero estabelecer uma profunda conexão emocional faz eu me sentir uma sociopata de um jeito nada sexy (embora, em certa medida, esses documentos também pareçam obras de arte que imagino forrar uma enfadonha sala de uma retrospectiva minha no MoMa PS1). Então, até que possa prender todos os meus crushes em uma ilha numa versão cômico-romântica de *O senhor das moscas*, minha sina é mandar mensagens para a bola da vez. O que não é um sistema ruim.

Categorias para meu app de rastreamento de crushes

NOME
A: Will
B: Outro

IDADE
A: Um ano mais novo
B: Um ano mais velho
C: 29 anos, e só fala sobre como se sente estranho com relação a isso
D: Pelo que sei, poderia ter uns quarenta

SIGNO
A: Gêmeos
B: Virgem
C: Câncer
D: Um dos bons

ÚLTIMA INTERAÇÃO

A: Jantar de aniversário de amigo mútuo há nove meses

B: Evento legal de trabalho ao qual o levei para impressioná-lo

C: Literalmente não consigo lembrar

D: Estamos trepando

ELE ESTÁ A FIM DE MIM?

A: Sendo otimista... neutro

B: Não???

C: Com certeza (então talvez)

D: Rs, sim, estamos... e não posso acreditar que você vai me obrigar a usar essa palavra outra vez... trepando

ESTOU A FIM DELE?

A: Infelizmente

B: Sim, se não me engano

C: Quem sabe no futuro?

D: Sim, afinal já estamos (suspira por dez minutos completos) trepando

ELE NAMOROU ALGUMA AMIGA SUA?

A: Não

B: Sim, mas ficaram de boa

C: Hmmm, não a chamaria de "amiga"

D: Nunca nem mesmo tinha ouvido falar do cara antes de conhecê-lo, o que constitui setenta e cinco por cento da atração

OUVIU RUMORES DE QUE FOI ESCROTO COM OUTRAS MULHERES?

A: Não

[essa é a única opção; meu app não está aqui para passar pano para ninguém]

VOCÊ JÁ CONTOU PARA OUTRAS PESSOAS?

A: Não

B: Falei por alto para amigos

C: Repassei com os amigos cada mensagem que ele já me enviou

D: Contei aos meus pais que conheço alguém com o nome dele (muito sério)

PRÓXIMOS PASSOS

A: Orquestrar saída em grupo

B: Drinques

C: Descobrir se ainda está morando na Costa Rica

D: Continuar trepando

2

FLERTES

Sinais

Flertar é um jogo de emitir e interpretar sinais. Deduzir o significado de tais "pistas" sustenta comédias românticas e brunches inteiros.

Para ser respeitável ao investir em alguém de um modo que envolva, em síntese, corpo e/ou coração, é preciso começar aos poucos, de modo gentil, se tornando progressivamente mais honesta conforme consegue o consentimento da outra pessoa. (Creio ser esse o sentido do discurso "Está apenas mudando de nível" de Dave Chapelle em *Mens@gem para você*, um filme que faz tamanho desperdício de seu talento que abalou minha fé em Nora Ephron, na indústria cinematográfica, na arte e na trajetória da humanidade.) Você precisa ser atencioso e sacar a pessoa! Não pode simplesmente acertar alguém do nada com toda a sua maravilhosidade! Isso não é flertar!

Mas pode ser *bastante complexo* decifrar sinais nos primeiros estágios de um relacionamento, porque são imperceptivelmente sutis ou, com mais frequência (pelo menos para mim), inexistentes e reais apenas em sua mente. E, para ser justa, somos superincentivadas a ver sinais onde não existem. Nessa sociedade bruta, disposta a nos parelhar e a medir o valor das mulheres pelo grau de fodabilidade, é fácil sentir como se a existência de qualquer pessoa não atraída por você a diminuísse de algum modo. Ou talvez você se veja como a protagonista da própria história e de todas as outras histórias, e a coerência narrativa EXIJA que aquela pessoa esteja na sua. (Ver: episódio piloto de *Seinfeld*.)

Historicamente, tive péssimas avaliações de desempenho no quesito "sinais". Fui acusada de "fazer a egípcia". Fui diagnosticada como "incapaz de emitir e receber sinais".

Em retrospecto, com certeza houve muitas vezes em que eu, uma tímida flor do campo que jamais tinha beijado ninguém, pensei enviar sinais quando, na verdade, estava parada, completamente imóvel, com os olhos baixos. Como da vez em que li *As correções*, de Franzen, focada em um cara gato enquanto estava na fila de um show de improviso. Essas coisas me pareciam significativas por conta do que eu sentia. Mas é provável que zero por cento de meus flertes tenha atingido o alvo nos dez primeiros anos de minha carreira de xavecagem.

Mas até mesmo flertes que não existem somente em sua mente podem passar batido, sobretudo por homens. Não digo isso apenas porque numerosos estudos científicos comprovaram que todas as mulheres têm poderes psíquicos e podem mover objetos com a mente. E não digo isso apenas porque os caras sempre estão bicando uma cerveja, o que numerosos estudos científicos de nossas mais respeitadas universidades mostraram reduzir a capacidade psíquica. Digo isso porque as mulheres são socializadas para prestar atenção e reagir às emoções de outras pessoas de um modo que os homens não são.

Por isso existem seis temporadas de *Sex and the City* e por isso vou morrer ao cair em um buraco enquanto mando mensagens para um grupo de cinco mulheres, discutindo se um cara estava me mandando sinais. Mulheres são treinadas para ler o pensamento dos homens! Por milênios, analisamos microexpressões antes mesmo de se tornar algo legal e de Martin Short começar a fazer isso em *Law&Order: SVU*! A sociedade nos relegou o trabalho emocional e, embora seja algo megaescroto, ficamos experts no assunto! Então, enquanto analiso as piscadas de um sujeito a fim de provar que ele está apaixonado por mim, os homens nem mesmo notam que há alguma informação a ser processada. Para eles, demonstrações sutis de emoção são como os símbolos no verso da Declaração de Independência, e eles mal sabem que precisam passar suco de limão e tacar o documento no forno da casa do Jon Voight. Porra, eles com certeza nem fazem ideia de que têm que roubar a Declaração de Independência em primeiro lugar!

Creio que, com idade e experiência e coragem crescente e autoconfiança, aperfeiçoei a arte de enviar sinais, de deixar óbvio meu interesse. Acho que apresentei uma ínfima melhora na compreensão de quais toques são especialmente de flerte e nos longos silêncios que envolvem olhar fixamente para lábios. Melhorei menos no quesito perceber quando um cara está interessado em mim. Ainda perco muito tempo analisando as palavras e ações e [forte voz de Úrsula] linguagem corporal; tanto porque são águas patriarcais essas em que nado quanto porque, aparentemente, gosto de fazer isso.

É meio perturbador como pode ser emocionante a incerteza do estágio inicial do flerte. Em *Solteirona*, Kate Bolick escreve que antigamente as garotas permaneciam fora de vista até completar 18 anos, então ficavam noivas em até um ano após debutar na sociedade. Esse um ano era, resumindo, o mais empolgante na vida de uma mulher. Também é a fase do romance frequentemente retratada em contos de fadas, comédias românticas, livros de Jane Austen e suas vagas adaptações melosas: duas pessoas se conhecem, flertam e, na cena final, decidem estar explicitamente apaixonadas. Há um casamento duplo, Hugh Grant joga moedas na cabeça de todos e, até onde sabemos, dirigem até um lago e se afogam.

É bem possível que eu acredite (subconscientemente?) que o amor seja emocionante só no início, que assim que você encontra um parceiro, ambos se tornam, em essência, um casal de esqueletos esperando a morte. (Ou, pelo menos, a "esposa" tediosa/recatada/do lar/ranzinza se torna.) Assim que determino que um cara está interessado em mim e começamos a nos ver com regularidade, de imediato fico obcecada em flertar com alguém cuja afeição pareça menos óbvia. Como uma das ex de Don Draper diz a ele: "Você só gosta do início das coisas". Também sou fã das coisas intermediárias, pelo menos da maneira informal como as vivenciei — é legal contar com apoio emocional, um par confiável, alguém cujo bem-estar da família é tópico de conversa e cuja vida você pode tentar melhorar do próprio jeito —, mas esse tipo de atração romântica me parece quase uma amizade. É ótimo e substancial, mas não é divertido daquele modo que o início das coisas é, quando viver a própria vida lembra a sensação de assistir a um episódio de *Game of Thrones* (ansiedade extrema de uma forma boa e recorrentes formulações de teorias). E gosto dos primeiros estágios do flerte porque acho que sou simplesmente viciada na sensação de estar prestes a ser validada por uma pessoa nova! Fazer um crush novo beijar você é como provar que alguém hábil no skate e capaz de montar mobília vê valor em VOCÊ, especificamente! Muito embora você (eu) só consiga andar de skate em linha reta e você (eu) tenha levado oito horas, a maior parte das quais saboreando bombons de semente de romã, para montar um armário da IKEA!

Como os jovens estão levando mais tempo para embarcar em um compromisso sério, afinal é normal alternar vários parceiros, às vezes me pergunto se — ao levar de boa e aceitar a brevidade dos relacionamentos — me tornei muito viciada no início das relações para escolher uma única pessoa e sossegar. E se isso significa que nunca vou descolar um marido... Quem se importa? Estou mais que feliz em viver minha melhor vida de solteira à la Martha Stewart, vendendo livros sobre arranjos florais e tirando fotos medíocres de mim mesma em ângulos favoráveis com meu iPhone X até envelhecer. MAS acredito que a excitação que acompanha o início das coisas acontece quase que exclusivamente por causa da outra pessoa (não na vibe "trepar com um bilhão de pessoas gatas" que associamos aos homens e que rotulamos de abusiva, embora não precise ser necessariamente nenhuma das duas — a excitação de que falo vem da incerteza emocional e do drama). O estágio do relacionamento em que você se flagra analisando os sinais tem muito mais a ver com você do que com seu crush; na verdade, são basicamente a ideia de uma pessoa, alguém em quem você projeta suas conclusões. Se esses garotos querem ser *excluídos dessa narrativa*, não é divertido para eles. Os caras não pedem para estar em minha mente e tuítes 24 horas por dia/sete dias por semana! É óbvio que existe sempre um quê de incerteza quando se começa a entender como você e uma pessoa se sentem uma sobre a outra, mas não quero me refastelar na decodificação atrelada ao início de uma relação de tal modo que acarrete seu fim.

Minha onda atual é APENAS FALAR COMO ME SINTO. É assustador, e consigo ser completamente sincera entre cinco e vinte e cinco por cento das vezes.

Interpretação de texto

Sobre sinais agonizantes, Barthes escreveu: "Os signos não são provas, pois qualquer um pode produzir signos falsos ou ambíguos. Volta-se então, paradoxalmente, à onipotência da linguagem [...] Receberei toda palavra do meu outro como um signo de verdade; e quando eu falar, não terei dúvidas de que ele receberá como verdadeiro aquilo que direi". Mas (sem querer citar diretamente a caloura o-trabalho-é-para-as-dez- -e-são-três-da-manhã que fui) a linguagem é insuficiente para expressar a enormidade e a complexidade do pensamento e do sentimento humanos, então, ainda que falar honestamente seja definitivamente aconselhável, isso não vai resolver os namoros. Se aprendi alguma coisa ao estudar inglês por quatro anos, foi que é possível interpretar qualquer texto da maneira que quisermos, e se interpretá-lo por um viés marxista, você vai ganhar um 10.

Se nós, como Barthes, vamos recorrer à onipotência da linguagem, mensagens seriam o modo ideal de expressar sentimentos românticos. É quase tudo palavras! E emojis... E com certeza selfies, se estiver fazendo a coisa direito... E talvez gifs, se você for mais organizada que eu. Mas, alô, óbvio: mensagens não são um respiro no eterno agonizar e analisar.

Para ser bem clara, devo dizer que tenho a nítida impressão de que se você precisa analisar os textos de alguém para achar indícios de que esse ser está na sua, então ele não está. No máximo, TALVEZ esteja, ou TALVEZ vá estar no futuro, mas, mesmo que qualquer uma dessas opções seja verdade, você tem coisas melhores para fazer, como lavar seus sutiãs ou se candidatar para algum cargo público. Quem estiver na sua vai simplesmente convidar você para sair, ou dizer sim quando você o fizer. Às vezes a pessoa apenas aparece onde sabe que você vai estar, de um jeito sexy e respeitoso.

Mas, lembrando, sou uma pessoa cuja educação superior consistiu em uma leitura minuciosa durante quatro anos de *O grande Gatsby* por todas as perspectivas possíveis. Passei a maior parte de meus anos de formação aprendendo que você pode interpretar livros/poemas/qualquer grupo de palavras de quinhentas mil maneiras diferentes, porque existem quinhentas mil escolas de teoria literária diferentes. Por exemplo, aqui vão algumas de que me recordo:

Há a leitura atenta, que é basicamente o que aprendemos no ensino médio, embora, claro, tudo de que consigo me lembrar do ensino médio seja cada detalhe de cada interação que já tive com o capitão gatinho do time de futebol americano. A leitura atenta é quando você olha o texto sem qualquer informação externa e apenas mergulha ~~nas palavras~~. Foi inventada pela Neocrítica, basicamente uma escola teórica composta por

Robert Penn Warren e um monte de outros caras do sul. Então, embora ame uma leitura atenta, TENHO MINHAS DÚVIDAS, além de plena consciência de que um dia provavelmente terei de repudiá-la por conta de denúncias perturbadoras sobre sua conduta em relação às mulheres.

Existe a abordagem biográfica, na qual você leva em consideração a vida do autor, mas isso é considerado RUIM. Também podemos levar em consideração as intenções do autor, o que aparentemente é PIOR ainda, porque QUEM SE IMPORTA e AUTORES SÃO IMBECIS. Não sei como realmente se denominam tais técnicas porque, na maior parte das vezes, optei pela análise Como-isso-se-relaciona-com-a-leitura-de-*Crepúsculo*, o que, tenho orgulho de confessar, já me rendeu um A- em um trabalho sobre *O morro dos ventos uivantes*, mas, impressionantemente, nenhum outro A. Que tal a semiótica? Já ouvi falar. Mas não faço ideia do que seja. Temos a crítica literária psicanalítica, um campo que hoje em dia, creio, atrai apenas pessoas que estão tentando ser especialmente chatas e inteiramente sem noção. Há a desconstrução, da qual não consigo lembrar nada, a não ser que me deixou nauseada e confusa. Minha opinião agora sobre todas as linhas de escolas críticas é: ah, centenas de anos de reflexão protagonizados por homens brancos? Permita-me jogar tudo pela janela e fazer o que me der na telha!

Então, com todo esse adestramento a que fui submetida por alguns dos mais respeitados intelectuais e acadêmicos do país, hoje tenho a habilidade de analisar qualquer mensagem de tal modo que, sem dúvida, denota se o cara está a fim de mim ou se me odeia. Essa habilidade me foi apontada por meu amigo Jonah, que é como um terapeuta gratuito e que foi encarregado de coordenar todos os elementos de produção de um programa noturno enquanto me diagnostica. Ele disse: "É quase incrível como você transforma coisas inócuas que digo em elogios ou insultos". E eu pensei: ah, é por isso que paguei quinhentos trilhões de dólares para frequentar uma universidade.

Usando meu diploma de bacharel em inglês para uma leitura atenta de mensagens de homens

MENSAGEM:

Eu: Que Pokémon devo namorar???????

Ele: Dugtrio

INTERPRETAÇÃO:

Você, Blythe, merece três namorados.

MENSAGEM:

[ele está testando o recurso do iOS no qual você pode desenhar e envia um arco]

Ele: Esse é um arco de casamento

[ele desenha um círculo]

Ele: Isso é um anel

INTERPRETAÇÃO:

Nós acabamos de nos conhecer, mas já sei que quero passar o resto da minha vida com você.

MENSAGEM:

[uma foto da cerveja que eu tinha abandonado em uma festa]

Ele: Olha, estou bebendo sua cerveja

INTERPRETAÇÃO:

Quero minha boca onde a sua esteve.

MENSAGEM:

Eu: Me avisa se quiser sair para um drinque.

Ele: Quero!

INTERPRETAÇÃO:

Jamais senti nada tão intenso quanto esse desejo de tomar um drinque com você; por isso o ponto de exclamação usado por mim, um homem.

MENSAGEM:

Ele: Acho que eu andaria por aí com 20% mais ousadia se me chamasse Blythe.

INTERPRETAÇÃO:

Vamos ter quinhentos filhos e chamá-los todos de Blythe.

MENSAGEM:

Ele: Acho que você merece uma comenda oficial pela força das suas figurinhas, porque elas foram absurdamente precisas

INTERPRETAÇÃO:

Tenho um enorme respeito por sua inteligência e acredito que você possa ser um dos gênios criativos de nossa geração.

MENSAGEM:
[um gif que ele fez de duas fotos da gente]
INTERPRETAÇÃO:
Imortalizei nosso encontro em arte.

Nota: Relendo essas mensagens, mais uma vez tenho absoluta certeza de que cada uma era um flerte extremamente óbvio e atrevido.

Reconheço quando vejo

É muito difícil provar que alguém estava realmente flertando com você. Descobri isso depois que um homem que vinha flertando comigo por três meses me disse que nunca na vida havia flertado comigo e precisei explicar a ele que eu sabia que ele estava equivocado.

Os bastidores da história: na primeira vez que saímos, ele me acompanhou à loja wicca para comprar velas e um caldeirão de verdade. Então caminhamos pelo Tompkins Square Park, observando os cachorrinhos, até que tropeçamos em um bar com mesas na calçada, onde trocamos histórias românticas e tirei o tarô para ele. Para mim, foi tipo: esse cara quer casar comigo. Quem mais toparia uma leitura de tarô pública na primeira saída? Quem mais sairia comigo durante o pior estágio de minha Crise Acneica de 2016? Mas as coisas se complicaram por causa da minha demora de três meses para beijá-lo, porque sou uma covarde e também porque trabalhávamos juntos. Daí a discórdia: flertamos ou não?

Coisas que ele fez que me induziram a pensar se tratar de flerte:

- Responder testes online quando eu pedia.
- Aparecer em minha baia todos os dias apenas para "relaxar".
- Fazer palavras cruzadas à luz de velas em um bar vazio à uma da manhã.
- Me ouvir quando eu falava. (É bizarro o quão pouco os homens precisam fazer para serem considerados gatos.)
- Dar batidinhas em minha cabeça de um jeito estranho.

Admito, a última é forçação, mas na hora me pareceu intenso, se é que é possível uma batidinha na cabeça ganhar o status de "intenso".

No parecer sobre o caso Jacobellis vs. Ohio, que decidiu se o filme de Louis Malle, *Amantes*, era obsceno ou não, o juiz da Suprema Corte, Potter Stewart, escreveu: "Não pretendo, hoje, tentar definir de maneira mais aprofundada o tipo de material que considero cair no âmbito da pornografia, e talvez nunca seja bem-sucedido em fazê-lo de forma inteligível. Mas reconheço quando vejo, e o filme envolvido não o é". As pessoas não leram a opinião de Stewart e disseram *"Reconheço quando vejo?! Uau, que idiota, tente usar as palavras, você não cursou Yale?"*. Em geral, optaram por "Sinceramente... tem razão", e aplaudiram seu veredito por ser realista e sincero. (Ou, pelo menos, é o que diz meu irmão, que fez Direito. Todo o meu conhecimento legal se resume a assistir a cada episódio de *The Good Wife*, o que, na verdade, considero o equivalente a um diploma de advocacia.)

Portanto, tive dificuldades em explicar a esse cara por que eu sabia que ele estava cem por cento me dando mole, mas me livrei da sensação de parecer louca e desesperada porque todos os meus colegas de trabalho concordaram comigo. Havia um boato de que eu e o sujeito estávamos namorando escondido. Uma colega se sentiu magoada porque eu não tinha lhe confidenciado essa relação inexistente depois que um cara que eu nem conhecia e que trabalhava em um setor completamente diferente mencionou o assunto por alto. Nenhum dos meus colegas de trabalho tampouco poderia provar a existência de qualquer flerte de modo conclusivo, mas, a certa altura, Todos Vimos e Reconhecemos.

NADA DISSO é para afirmar que você pode tocar, beijar ou até mesmo flertar com alguém que alega não estar flertando com você! Consentimento é essencial, e quando alguém diz que não é esse tipo de situação, você não pode, de modo algum, "argumentar". (E, tipo, o que você vai fazer? Pretende argumentar com tanta eficácia que vão acabar se casando?!) Vamos lembrar também que gênero é importante aqui. Em geral, predadores sexuais são homens. As mulheres são, com certeza, capazes de assediar homens, mas não estamos oprimindo eles por milênios, tirando partido da nossa vantagem no ambiente de trabalho nem ante a opinião pública para possibilitar esse assédio. Mas acredito que, para salvaguardar seu orgulho de homem ou coisa do gênero, o cara negou dar em cima de mim de um modo que me fez parecer louca — no modo "a louca da relação" em que as mulheres são frequentemente classificadas para se sentirem diminuídas. (Só para constar, ele leu esse capítulo e continua afirmando que não flertava comigo. Existe essa tal de verdade?)

Homens que julguei flertarem comigo e por quê

Um aviso: Todos os nomes foram trocados, e só porque achei que esses homens flertavam comigo não significa que eu estava apaixonada por eles. Faz sentido que um monte de gente flerte comigo, considerando que satisfaço quatro requisitos: (1) Gata (meu cabelo é macio e meus peitos também), (2) Inteligente (conheço os recentes avanços científicos), (3) Engraçada (estudei improviso em Nova York E Chicago ao custo de um milhão de dólares), e (4) Rude.

MATTHEW

Matthew e eu fomos assistir a um filme e, para matar o tempo durante os trailers, falei "Ah, você estudou cinema, devia me fazer uma lista com os filmes a que preciso assistir". Naquela noite, ele me enviou um e-mail com NOVENTA E NOVE títulos (acho; é difícil não perder a conta com a enormidade daquela lista) e a mensagem "Seus olhos e sua mente podem me agradecer mais tarde". Eu fiquei meio: "Ah, esse cara está apaixonado por mim", então passei o ano seguinte me convencendo de que estava apaixonada por ele. Mais tarde, perguntei a ele se estava dando em cima de mim e ele respondeu que "era apenas cinéfilo".

JAMES

Por um período de dois meses, James curtiu todos os meus tuítes. Em 2018, isso faria sentido, mas estávamos em 2014, quando meus tuítes eram, tipo, ok. Perguntei a James se estava flertando comigo, e ele disse "Não, só fico muito tempo no celular."

MICHAEL

Assistiu a todos os 119 minutos de *Mens@gem para você* comigo.

BENJAMIN

Conheci Benjamin em uma noite de tempestade em 2015, logo antes de eu assistir a uma sessão noturna do filme dos Minions. Ele saiu de um canto escuro de um bar e me perguntou se eu era a Blythe Roberson que tinha escrito um artigo sobre David Foster Wallace para a *Splitsider*. Eu tinha, TRÊS ANOS ANTES. Se aquilo não era uma cantada, por favor, me coloque em um barco e me deixe à deriva no oceano. Mais tarde, Benjamin e eu combinamos de tomar uns drinques, mas ele me deu um bolo para encontrar uma loira de 23 anos e tanquinho.

LUKE

Me deu um abraço bem longo. Parece normal, mas se você estivesse lá, soltaria algo tipo [olha o relógio] "O que está acontecendooooo".

LACHLAN

Me mandou a foto de um monte de comidas e disse "Essas são minhas comidas, conheça minhas comidas."

MITCHELL

Alugou um carro para me levar a uma pizzaria em um carro. Homens são sociopatas.

DYLAN

Me viu fazer um número cômico sobre homens que eu acreditava estarem flertando comigo e, desde então, tem constantemente me perguntado se eu acho que ele está flertando comigo. ELE ESTÁ.

NOTA: Quase não há correlação entre as pessoas que acreditei estarem flertando comigo e aquelas que realmente estão. Com o passar do tempo aprendi que as únicas cantadas reais são (a) não partir, (b) conversar sobre pão, (c) olhar de um jeito estranho, e (d) fazer um esforço real para passar algum tempo comigo. A última é hipotética, porque nenhum ser humano na história já fez isso.

Flerte digital

O flerte digital parece menos real e, portanto, menos arriscado que o flerte vida-real. Isso obviamente não procede: a internet é real, e em breve nosso cérebro viverá dentro dela, e, quando morrermos, nossa consciência será carregada e colocada em refrigeradores incrivelmente estilosos.

De certo modo, o flerte digital é até mais real que a sedução ao vivo, porque deixa provas. Suas mensagens e Gchats e DMs estão disponíveis para fuçar, caso embarque na vibe do constrangimento ou de escrever uma confissão. E tenho flertado digitalmente por quase tanto tempo quanto flerto — a primeira vez que confessei a um cara que gostava dele foi via ICQ, e a primeira vez que um cara disse que nutria sentimentos por mim também foi pelo ICQ. Claro, levei uns quinze minutos para entender que ele havia revelado que sentia algo por mim, porque ele digitava muito mal.

Como não envolve o risco de ser rejeitado cara a cara, flertar pelos apps é o tipo perfeito de cantada, não apenas para os jovens, que vivem online, mas para os covardes românticos de qualquer idade. É um bom modo de criar coragem para os flertes da vida real.

Algumas cantadas virtuais para começar:

Seguir seu crush nas redes sociais: é a admissão de que, pelo menos no segundo em que apertou aquele botão de "seguir", você estava pensando em seu crush no tempo livre. Talvez acredite que não conta como um flerte, mas se você tem problemas em se sentir vulnerável ou se seu crush é megagato, isso pode ser assustador! Eu me lembro exatamente de onde estava quando um de meus antigos crushes passou a me seguir no Twitter. Por meia hora depois disso, sentei em um café e fiquei pensando em meu belo e novo seguidor. Volto lá de vez em quando para reviver a onda! Vi Patti Smith naquele café uma vez, mas continua sendo "o café onde meu crush passou a me seguir no Twitter e também, por acaso, onde vi Patti Smith". Certa vez, mandei uma solicitação de amizade para um crush no Facebook, e ele usou isso como desculpa para me enviar mensagens; quase morri. Por outro lado, uma vez segui um peguete no Twitter, e ele não me seguiu de volta até que eu dissesse, com todas as letras, que era sua obrigação. Se você meteu a língua na garganta de alguém NAQUELA SEMANA, então tem que segui-lo de volta no Twitter! Faz parte do protocolo!

Seguir alguém no Twitter enquanto está sentada a seu lado: uma admissão de que essa pessoa continuará a existir fora daquele bar.

Stalkear o Instagram de alguém enquanto está sentada a seu lado: um flerte bem divertido que descobri por acaso é xeretar, no primeiro encontro, ANOS de postagens do Instagram do cara, rindo e curtindo e dizendo a ele de quais posts mais gosta. Minha vítima batizou a cantada de "Não acredito que você está fazendo isso" e "Esse é o meu pior pesadelo" e "Vou ao banheiro enquanto você termina".

Curtir o mesmo conteúdo em múltiplas plataformas: alguém tuíta um link de um clipe que a banda dele acaba de lançar. Talvez seja bom, ou talvez você só queira ajudar seu amigo, ou talvez, como todos os seus amigos são gênios, seja os dois, então: você curte o tuíte. ATITUDE BEM NORMAL E LEGAL. Você pagou seu amigo em notificações e serotonina em troca de arte e amizade. MAS: e se ele posta o vídeo no Facebook e no Instagram também, você curte e, quem sabe, até posta um comentário? Talvez até mesmo MANDA UMA MENSAGEM? Na minha opinião, isso é um flerte digital. Sei que há pessoas no mundo que são apenas "solidárias", mas jamais curtirei seu conteúdo em mais de uma plataforma a menos que esteja interessada em mãos dadas e olhos nos olhos.

Curtir um tuíte recente, esperar meia hora e curtir um de seis meses atrás: nunca fiz isso, mas há pouco fui alvo da técnica e. É. De. Arrepiar. É o equivalente tuiteiro de uma cabeça de cavalo na cama, embora, assim como Meg Ryan em *Mens@gem para você*, eu cague solenemente para *O poderoso chefão*. Mas, nossa, me senti vista. Esse sujeito tinha me notado de modo intenso e, como a freira revela a Lady Bird em *Lady Bird: A hora de voar*, amor e atenção são a mesma coisa.

Boas cantadas analógicas que funcionam

Prestar atenção. De acordo com a jornalista Ann Friedman, "Flertar exige total atenção". Para um homem, tudo o que é preciso fazer para se tornar atraente é prestar atenção quando uma mulher fala. Para uma mulher, é preciso muito mais.

Olhar de modo bizarro. Acontece algo estranho com os olhos da pessoa quando está prestes a dar um beijo. Parecem desfocados ou talvez muito focados? Fora de contexto, parecem estar concentrados em matar você. No contexto: puro flerte.

Recusar partir. Uma ótima cantada, com nível baixo de esforço e quase nenhuma coragem envolvida, o que dá conta do recado. Você pode se sentir constrangida, mas ficar por perto — quando todo mundo, à exceção de seu crush, abandona a festa ou o bar — aumenta, de forma considerável, suas chances de uma chave de língua. Sei de pelo menos um relacionamento longo que começou assim. Na boa, pego a pessoa que ficar numa festa minha até três da manhã só para recompensá-la pelo empenho.

Dizer o nome completo de seu crush na cara dele. Não faço a menor ideia de por que funciona. É um feitiço? Vivemos em uma cultura narcisista? É superbizarro e quando gente gata é bizarra acaba em cantada?

Sentar com seu crush, perguntar o signo dele, então ler um perfil de duas páginas sobre compatibilidade sextrológica. Nunca me senti mais poderosa do que quando fiz isso.

Mostrar a eles seus rascunhos do Twitter. Extremamente vulnerável!

Não dizer nada. "Falar" é algo que as pessoas fazem com a boca quando estão muito nervosas para beijar você. Não encoraje isso! Se recuse a responder; ele vai entender.

Mandar músicas do One Direction. Sempre peço aos caras para assistir a *Mens@gem para você* comigo ou para ouvir a versão acústica de "Steal My Girl", porque amo essas coisas de verdade, mas sei que não são a praia da maioria dos homens. É um teste para ver se esses caras têm "potencial". Já sou criticada o bastante. Eles conseguem ser legais comigo pela porra de um segundo? Como disse John Waters, se você vai pra casa com alguém que não consegue ser legal pela porra de um segundo, então não trepe com ele.

Cantadas ruins que não colam

Amo esses flertes; mesmo passíveis de fracasso, dedicar-se a cantadas experimentais já é a recompensa em si.

Ficar de pé, completamente imóvel, e não fazer nada. Essa cantada funciona no *fim* do encontro, para descolar um beijo. *Não* funciona para atrair a atenção de alguém ou arranjar um convite para sair.

Cantar "Walk Me Home", ou, no bom e velho português, "ande comigo até em casa", para convencer o

cara a levar você para casa. Ele vai te levar até sua casa e imediatamente chamar um Uber.

Mostrar a ele o conteúdo da sua bolsa. É bem óbvio que essa é uma cantada ruim e chata, mas está gravada em meu DNA. Acho que, inconscientemente, copiei isso do *Clube dos cinco.* Sempre acabo me desculpando por não ter nada de interessante na bolsa.

Falar sobre sua incrível compatibilidade cósmica com sua amiga Fran. Quando o cara perguntar sobre a compatibilidade de vocês dois, responda: "Péssima".

Perguntar "quem???" quando caras que curtem comédia falarem sobre Simon Rich. Parece uma ótima zoação, mas os caras que curtem comédia ficam genuinamente confusos.

Forçar o cara a se matricular em atividades extracurriculares, então fazer todo o trabalho por ele. Fiz muito isso no ensino médio, e apesar de jamais ter me rendido um namorado, eu, sozinha, coloquei três caras na faculdade.

Corrigir a gramática de alguém. Os caras sempre fazem isso comigo. Para me manter calma, escolho encarar como um flerte. Mas mesmo assim: não é um bom flerte.

Mandar uma mensagem dizendo que você está na rua do sujeito, na frente do prédio dele. Uma vez fizeram isso comigo, e, muito embora tenha apreciado a intenção, eu sigo minha agenda. Na qual insiro os compromissos com três semanas de antecedência.

Armação. Elaborar planos para enredar um homem nunca funciona (ver: toda a trama de *O casamento do meu melhor amigo*), mas é divertido armar, porque é verdadeiramente idiota. E quando você exibe ao mesmo tempo o tipo padrão e a certeza de que não é sexy o bastante para que alguém queira beijar você espontaneamente, tramar seus passos, no melhor estilo *Onze homens e um segredo*, para conquistar seu objeto de afeto parece uma maneira de garantir algum controle sobre a situação. Passei as férias na cidade de um cara para que pudéssemos casualmente sair e nos apaixonar (não rolou). Tentei convencer um outro cara a fazer aquele lance das "36 perguntas que levam ao amor" (começamos a nos pegar antes que eu pudesse colocar o plano em ação).

Armação: quando apenas não falar e piscar de um modo sexy *daria* certo, mas você tem tempo de sobra, então por que não?

Roubar

Esta seção aborda todas as maneiras pelas quais, no início de um flerte ou de um relacionamento, você acaba de posse de um objeto pertencente ao outro. Batizei esta parte de "roubar" simplesmente porque adoro um drama.

Roubar alguma coisa de seu crush é uma imensa cantada e, historicamente, uma de minhas favoritas. O ideal platônico desse flerte situa-se no ensino médio, quando meu crush me emprestou seu moletom para me aquecer em algum evento esportivo ao ar livre (cujos detalhes atléticos, mesmo então, eu com certeza já apagava da cabeça). A parte do flerte entra quando... não devolvi o casaco.

Roubar enquanto cantada me parece tão "ensino médio", talvez porque fosse minha principal artimanha nessa fase, ou talvez porque envolva um quê de malícia, ou talvez porque você esteja transferindo seus sentimentos para um moletom idiota e o transformando em uma prova física de sua conexão com o crush. É uma evidência tangível de que ele prefere que você *não* morra de hipotermia! De que ele confia na sua capacidade de não se lambuzar de mostarda pelas próximas horas! De que está confortável com os outros vendo você coberta por um moletom estampado com o sobrenome e o número da camisa dele no time de futebol americano!

Roland Barthes (papai) escreveu: "O presente é carícia, sensualidade; você vai tocar o que eu toquei, uma terceira pele nos une. Dou a X um lenço de seda e ele usa: X me *dá* o fato de usá-lo". Ok. Tipo... nenhum cara jamais me *presenteou* com uma peça de roupa, provavelmente porque não os enganei bem o bastante. No entanto, é quase mais intenso quando um homem empresta/permite que você roube seu casaco. Ele está lhe dando o dom do moletom e também o dom do uso do moletom. Ele permite que você toque essa coisa que ele tocou. O presente de uma terceira pele é exponencialmente mais significativo que o dom de não congelar em uma partida de campeonato regional de hóquei na grama (??).

E embora isso seja uma cantada muito "ensino médio", é no melhor estilo açucarado e divertido e "lembra quando eu tinha emoções?". Dou meu aval.

Naquela época, e (acho) ainda hoje em dia, eu não estava realmente cometendo roubo não consensual. Sinceramente, só me sentia confortável roubando coisas de amigos cujos beijos não desejava com agonia. Quando se tratava de meus crushes, apenas não tinha muita pressa em devolver os moletons. Mas amava confiscar esses objetos pelo máximo de tempo que a boa educação permitia e fingir que ficaria com eles para sempre. Sou um dragão sob a montanha, dormindo sobre seu tesouro, só que, em vez de ouro, é uma pilha de moletons de meus crushes.

O exato oposto de roubar é quando você deixa algo no apartamento de um homem. Uma amiga minha diz que costumava largar presilhas e grampos de cabelo no apartamento dos caras, coisas de que não precisava e que, ainda assim, imprimiam sua marca. Transmitiam a mensagem de que, por mais "casual" que ambos considerassem aquela ligação, minha amiga tinha EXISTIDO. Não me surpreenderia se um motivo parecido tivesse levado a echarpe da Tayl*r Sw*ft a acabar na casa de Maggie Gyllenhaal por toda a eternidade. Quando se é tão rica quanto Taylor Swift, uma echarpe é como um grampo de cabelo: descartável.

Eu — essa pessoa preguiçosa para artimanhas e também incapaz de se lembrar de quase qualquer coisa — jamais deixei nada na casa de um cara de propósito. Comigo sempre foi algo na linha Cinderela, se ela especificamente dissesse "Não vou esquecer esse sapato", então logo depois esquecesse. Um exemplo: certa vez, tirei um colar enquanto pegava um cara. "Não me deixa esquecer de pegar!", eu disse. Dois dias depois, recebi uma mensagem pelo Facebook com uma foto do colar. "Você sequer percebeu que esqueceu?", escreveu ele.

Não PLANEJEI esquecer aquilo para que pudesse ver o cara de novo, mas se tivesse sido essa a minha intenção, não poderia ter me saído melhor. "Nossa, como vou pegar esse colar de volta agora?", perguntei. Ele respondeu: "Meu colega de quarto tem um drone". (Só transo com comediantes.) No fim das contas, acabamos fazendo a troca em um bar a uma distância conveniente de seu apartamento [insira emoji de óculos escuros]. Eu poderia ter continuado a "esquecer" o colar indefinidamente. Se tivesse feito isso, esse cara e eu muito provavelmente estaríamos casados hoje.

Todo esse lance de roubar e esquecer me parece bem específico de gênero, considerando que nem eu nem minhas amigas vimos qualquer coisa meramente semelhante com papéis invertidos. Os homens não deixam coisas no meu apartamento por acidente. Às vezes, quando chega o inverno, eles até desconfiam de que esqueceram o casaco em minha casa em algum momento, um artigo cuja ausência eu não levaria mais de meio quarteirão para perceber, mas nenhum casaco foi realmente esquecido no meu apartamento. Alguns homens emprestaram, a contragosto, seus livros de Thomas Pynchon para mulheres que conheço, mas isso nunca me aconteceu, talvez porque os homens se sintam intimidados por minha tatuagem de *O leilão do lote 49* — uma lata de lixo na coxa que diz "Este é o lugar de *O leilão do lote 49*: no lixo (odeio esse livro)". Algum homem já roubou algo de mim? Acredito que muitos roubaram os livros que pegaram emprestado, mas não consigo me lembrar de que homem pegou qual livro, então não posso provar e não posso recuperar meus livros. (Se você está lendo isso e nos beijamos e você ainda não me processou por difamação, por favor, devolva minha cópia de *Os casos de amor de Nathaniel P.*! Existem outros homens, mais recentes, a quem preciso emprestar esse livro!) Mas, em geral, acredito que os homens roubem menos, talvez porque não seja tão fofo alguém com tanto poder estrutural roubar de pessoas com menos. Ou talvez eles não sintam a compulsão evolucionária de diminuir paulatinamente a discrepância salarial através do roubo de peças de roupa.

Toque

Estou sentada em um sofá num bar lotado, conversando com um amigo que conheço faz alguns meses. Quando conheci esse cara, foi, tipo, "Uau, quem é o amigo gato da Hallie??!", mas ele tinha namorada na ocasião. Ele não tem mais namorada. O bar onde estou é superbarulhento, com música ao vivo (ao que tudo indica para me punir), então me inclino na direção desse amigo gato para ouvi-lo falar sobre um velho chamado Cletus que assombra as montanhas da Virgínia central. E, então, do nada, o amigo gato e eu estamos de mãos dadas. E logo me dou conta: Ah, vou transar com esse cara.

Ok, esse último detalhe não é exatamente verdade. Estava menos confiante na época do ocorrido, e a única vez na vida em que soube, correta e instantaneamente, que iria transar com alguém foi quando um cara me perguntou "Que músicas do One Direction são boas?". Na época que isso aconteceu, quando outras pessoas no bar me perguntaram se eu estava saindo com o cara do pega-na-mão, fiquei muito agitada e confusa, e, ao ficarmos juntos três meses depois, achei tudo muito do nada. Mas sinceramente: o toque é o flerte mais básico. É uma leve prévia do que está por vir (um "toca aqui" enquanto ambos estão pelados), criando o clima sem nenhum spoiler significativo, como um teaser de "Na próxima semana, em *Mad Men*".

Ao falar de toque, aparente e infelizmente, se faz necessário começar dizendo que é muito inapropriado tocar pessoas que não desejam ser tocadas. Como a sociedade relembra por um período aproximado de doze semanas a cada vinte e cinco anos, tocar pessoas que não querem ser tocadas é assédio sexual. Às vezes, violência sexual. É muito grave e fode a vida das pessoas. Este não é o livro que você deveria estar lendo se ainda estiver na fase do "como não aterrorizar sexualmente as pessoas", mas aqui vão algumas dicas genéricas de como respeitar os limites e o direito ao próprio corpo alheios.

NÚMERO UM: Não toque alguém de um jeito sexual se os dois não estiverem em um contexto em que possam explorar a possibilidade de ficarem de mãos dadas (ou seja: um encontro; uma festa). Essa regra significa que você NÃO deve tocar as pessoas em: uma reunião de negócios. No metrô. Na escola. Não é difícil; use seu bom senso e discernimento. A não ser que você seja um homem branco, nesse caso seu bom senso foi deturpado pelos séculos de patriarcado lhe dizendo que você manda em tudo. Homens brancos deveriam consultar uma amiga antes, e então pagá-la pelo trabalho emocional. Pague com juros por trabalhos emocionais prévios! O que estou dizendo é que homens brancos, cis e heterossexuais devem pagar vinte mil dólares a cada mulher que conhecem.

NÚMERO DOIS: Como mencionado na seção "sinais", flertar envolve níveis pelos quais que você precisa passar antes de enfiar seu digníssimo, do nada, na orelha alheia. Isso é extremamente importante quando o assunto é toque — você precisa ter certeza de que toques não ameaçadores estejam sendo recebidos sem reservas antes de avançar para toques mais delicados. Tocar meu cotovelo é bem menos sexual que tocar minha tatuagem no pulso e me perguntar o significado por trás da mesma. (O significado por trás de todas as minhas tatuagens é: tatuei isso para que homens pudessem me tocar e me perguntar o que significa.) Tocar o joelho de alguém, como Ellen Olenska faz com Newland Archer em uma cena crucial de *A época da inocência*, pode ter sido quase pornografia hardcore naqueles tempos, mas definitivamente não é tão atrevido/sexual/intenso quanto tocar a coxa de alguém. Isso é... óbvio. Seja respeitoso.

NÚMERO TRÊS: Na comédia, existe um conceito chamado "riso responsável". Em suma, significa que você deve sempre ter certeza de que o alvo das suas piadas sejam pessoas com mais poder, porque fazer graça com os fracos e oprimidos não é divertido nem legal. Você sempre deve levar em conta seus privilégios e os do seu público quando fizer uma piada. Da mesma forma, deve levar em consideração seus privilégios e os do seu crush quando flertar. Se você é um executivo branco e mais velho convidando uma jovem estagiária para sair, seu poder estrutural sobre ela pode tornar difícil que a garota o rejeite, mesmo que ela queira fazer exatamente isso. Tocar a garota só porque você está com vontade é uma coisa que pode foder toda a trajetória profissional dessa estagiária. Você tem como aliada toda a história da opressão! Então pare e pense pela porra de cinco milissegundos! Se vai assumir os riscos no quesito cantada, tenha certeza de que a flecha está voltada para cima. Não use seu poder estrutural para colocar pessoas menos privilegiadas em situações constrangedoras. OK, JESUS CRISTO, OBRIGADA.

Uma vez seguro de que não está fazendo nada sem consenso: o toque é muito importante! Não é apenas muito importante para flertes e romances e sexo. Também é importante, de forma geral, para uma psicologia humana saudável. Fomos programados para buscar e ser consolados pelo toque, seja de nossos amigos, parceiros ou familiares. O psicólogo Harry Harlow provou isso por meio de uma série de experimentos nos quais ele realmente fodeu emocionalmente um grupo de macacos-rhesus inocentes. (Soube disso no meu último ano do ensino médio e estou furiosa desde então.) Harlow afastou bebês macacos das mães e lhes deu mamães macacas falsas. Algumas dessas macacas de mentira foram cobertas de pelúcia, simulando o toque. Outras eram feitas de madeira e fios, e não apenas careciam da habilidade de proporcionar conforto pelo toque, mas também pareciam assustadoras. Como era de imaginar, os filhotes de macacos-rhesus com mães de arame se tornaram emocionalmente perturbados. Moral da história: Harry Harlow é um verdadeiro vilão e o toque é bem importante.

Como diria Úrsula, a heroína de *A pequena sereia*: "Não subestime a importância da linguagem do corpo". (Úrsula é a heroína de *A pequena sereia* porque tem uma estética de bruxa que é legal, não se desculpa pelo corpo livre e seu objetivo de vida é depor o macho branco.)

Tenho um dado científico fascinante para revelar sobre toque consensual enquanto flerte. Graças à narrativa cultural de que o homem deve "dar o primeiro passo", você pode acreditar que são eles que iniciam a sedução. Mas, como a Dra. Helen Fisher nos diz em *Anatomia do amor*, isso não é verdade! Fisher afirma que, em geral, a mulher americana dá o primeiro passo na conquista, começando com sorrisos e olhares (de dois ou três segundos; as pessoas estudaram o assunto!) e progredindo para toques, perguntas e risadas. Ao que tudo indica, as mulheres fazem isso porque são ensinadas a prestar atenção à linguagem corporal masculina e a ler sinais e porque, em geral, não podem se dar o luxo de serem completamente abertas sobre querer ficar com alguém. Apenas depois que uma mulher faz todas essas coisas, um cara sente que está "dando o primeiro passo" ao beijá-la. É por isso que fico furiosa quando tenho que bancar a corajosa e iniciar o beijo depois de ter prestado tanta atenção nos toques que trocamos que poderia enumerá-los, em ordem cronológica, no dia seguinte. (O que realmente faço com minhas amigas.) Seria bacana ter alguma ajuda na tarefa de perpetuar a espécie.

Conexões perdidas

Uma grande tragédia: você encontra, na natureza selvagem, um desconhecido de aparência gentil e normal, alguém que ainda não namorou todas as suas amigas. O flerte rola bem. Mas você fracassa em trocar informações de contato, então ele desaparece para sempre assim que sai do seu campo de visão. Bonjour, mon frère, você tem uma conexão perdida.

Até certo ponto, isso sempre acontece: a maioria das pessoas que tenta percorrer o mundo de modo agradável está sempre flertando discretamente, buscando se tornar uma versão polida e vivaz de si mesmo. É fácil confundir uma conexão perdida com alguém que estava apenas agindo normalmente. Por exemplo, certa vez passei três dias sem falar com ninguém (estava fazendo trilha) e, então, simplesmente me apaixonei pela patrulheira florestal do centro de visitantes do Rocky Mountain Park Alpine. Ela era ótima! Mas depois de tanto tempo sem contato humano, eu teria dado match até com um tronco senciente.

É muito importante se certificar — e esse é um aviso mais para os homens — de que você não está tirando vantagem da boa educação de uma pessoa. Não tem problema em conversar com um estranho, mas as pessoas estão só cuidando da própria vida e não merecem ser assediadas apenas por embarcarem no metrô. Allie Jones, escrevendo para o *Gawker* (descanse em paz), bolou a seguinte regra: você pode fazer duas perguntas. Se a outra pessoa não engatar na conversa e perguntar algo na sequência, você precisa deixá-la em paz, bostorra ("bosta" + "porra", muito obrigada).

Vivenciei só uma conexão verdadeiramente perdida. Foi no verão de 2010, alguns dias antes de eu fazer uma franja desastrosa que tornaria a coisa toda impossível. (Por anos, eu havia implorado aos cabeleireiros que cortassem minha franja, mas todos se negavam; parece que tinham razão.) Foi em Chicago; eu tinha acabado de embarcar na linha vermelha na estação

Belmont, que cito apenas porque me faz soar autêntica, embora eu só tenha vivido em Chicago por cinco meses da minha vida. Estava sentada lendo *Os homens que não amavam as mulheres* (lembre-se: 2010) quando, do nada, um outro exemplar de *Os homens que não amavam as mulheres* estava na minha cara. Por sorte, ao olhar para cima, percebi que o tal livro estava ligado a um Cara Gato. Ele se sentou, e começamos a conversar sobre a trama e, então, sobre os subúrbios onde crescemos, sobre como eu fazia faculdade e ele cursava Direito, sobre literatura em geral e sobre improviso. (Isso aconteceu na época em que eu falava sobre improviso e literatura em geral, diferentemente de hoje em dia, que falo exclusivamente sobre a vez que matei uma mosca perto de minha cama e uma explosão de larvas surgiu.) Estava curtindo tanto a conversa que não percebi que tínhamos chegado na minha parada até que as portas estavam prestes a se fechar. Precisei pular sobre o Cara Gato e literalmente correr pelo trem sem sequer ter perguntado o nome dele. Eu era uma princesa de conto de fadas desaparecendo na noite, só que, em vez de um vestido de baile, usava calças salmão detonadas que, na ocasião, refletiam perfeitamente minha personalidade.

O que torna essa situação toda uma conexão perdida? Em uma abordagem clínica, foi somente uma Conversa Agradável com Alguém que Achei Gato, que ganhou arcs de relevância porque (a) sou uma pessoa introvertida que normalmente não fala com desconhecidos e (b) vivemos em um mundo onde, para garantir minha sobrevivência, preciso partir do pressuposto de que a maioria dos homens gostaria de me matar. Mas se você sentiu alguma coisa, então é uma conexão perdida! Não é necessário que os dois considerem a situação uma conexão perdida: se você acredita ser, já conta. O único requisito para dar a alguém a alcunha de "conexão perdida" é pensar que teria sido uma boa oportunidade para pedir um contato. O que não quer dizer que iriam lhe dar!

Ainda assim, meu colega de apartamento, Zach (que quer ser chamado de "Zack Zimmerman, gay solteiro e bom partido, com humor aguçado e coração de ouro"), acha que existe algo de especial no fato de você *não* poder contatar uma conexão perdida. Em vez disso, elas sempre vivem em sua mente como essas células embrionárias de um relacionamento que poderia ter se tornado qualquer coisa.

Na verdade, quando as pessoas *tentam* rastrear uma conexão perdida, normalmente acaba sendo muito sinistro, às vezes até muito, *muito* sinistro. Em mais de uma ocasião, Justin Bieber postou fotos de jovens atraentes no Instagram com legendas suplicando a seus seguidores que descobrissem quem era a garota para que ele pudesse entrar em contato. (Quer dizer, suas exatas palavras foram "PLMDDS quem é essa!", mas a intenção é a mesma.) As pessoas na internet gostam de rastrear coisas porque isso faz com que se sintam detetives de TV competentes e porque as distrai de tarefas, como pagar impostos ou sentar à mesa com a família, compartilhando uma coisa boa e uma coisa ruim que aconteceu naquele dia.

Mas esse assédio à la Justin Bieber não é fofo. É bem ruim! É tornar públicas as informações de uma pessoa. Sou uma pesquisadora profissional, então talvez seja um pouco melhor em desencavar informações online, mas você pode descobrir *bem rápido* um *bocado* sobre alguém se souber quais palavras inserir no Google (ou, melhor ainda, no Nexis). Uma coisa é você ser um profissional pesquisando sobre uma celebridade; outra muito diferente é você ser um monte de gente tentando identificar e contatar um cidadão comum. Mesmo que você não tenha tantos seguidores no Instagram quanto Justin Bieber, não faça isso. As pessoas têm o direito à privacidade — e ser atraente em público não tira esse direito delas.

3 ENCONTROS

Definindo um encontro

"Foi um encontro?": a dúvida da nossa geração. Não a mais importante, óbvio — que é "Como desmantelar as estruturas de poder do patriarcado capitalista supremacista branco?" ou "Já estamos cem por cento fodidos no quesito aquecimento global?" ou "Amelia Earhart ainda está viva por aí?". Mas "Foi um encontro?" é uma dúvida nossa no sentido de que é mais difícil de responder agora que em momentos prévios na história.

Por muitos anos, o motivo da minha fama foi que, apesar de toda a minha personalidade estar "em um encontro", eu jamais tinha ido a um. Para alguns, isso soa dissimulado. Atualmente, meu colega de trabalho, Harris Mayersohn, trava uma guerra de RP com minha propensão a declarar "jamais": contei a ele que eu jamais sarrei (o que ainda afirmo, pelo menos *não como objetivo final*) e que jamais ouvi sequer uma música do Diplo (esqueci "Paper Planes". E "Too Close". E "Elastic Heart". E agora que dei um Google, me dei conta de que toda música já feita é do Diplo). E, preciso admitir, não tenho mais tanta certeza de que *jamais* fui a um encontro.

O ideal platônico de um encontro, imagino, envolve uma atividade compartilhada com um potencial parceiro romântico, na qual vocês concordam em passar um tempo juntos, decidindo se gostam o suficiente da personalidade do outro para uma chave de língua no fim da noite. Mas esse tipo de encontro é cada vez mais raro em nossa cultura mais informal de encontros; eu com certeza nunca tive um desse tipo. Uma coisa comum é ter "encontros" com pessoas com quem já estamos transando. Já levei peguetes a noites de poesia/show de drag/concerto de coral de amigos antes de voltarmos para meu apartamento e ficarmos respeitosamente de mãos dadas. Mas qual a vantagem de se classificar esse tipo de noite como um "encontro"? Eu já sabia que a pessoa estava a fim de mim! Quem se importa?!

E, claro, existe o tipo de "encontro" que acaba em um primeiro beijo, mas nem sempre é óbvio que se trata de um encontro desde o início. Primeiros beijos sempre me parecem de cinquenta a cem por cento chocantes, porque é muito difícil determinar se a noite está tomando a direção de um beijo antes da pegação começar. Uma vez cheguei perto do ideal platônico de encontro... Tipo, 4/5 do caminho. Mas esse encontro *quase--explicitamente-um-encontro* em que estou pensando implicou duas saídas para drinques sem sequer um beijo e, depois, uma terceira que foi direto para a cama. Então vai saber! Só a terceira vez contou como um encontro? Foram todos encontros? Estamos você, leitora, e eu em um encontro *neste instante*?!

"Como é possível que esteja tão em dúvida quanto a isso?", você pode me perguntar, incrédula. Talvez porque estejamos vivendo em uma era em que (a) sexo casual é normal e (b) smartphones existem. Ou as pessoas se encontram em apps, o que, de forma prestativa, define o contexto de "isso é um encontro" por você, ou acabam caindo na ambiguidade de situações descompromissadas envolvendo amigos com quem já confraternizaram sem qualquer conotação sexual. Não uso apps, então estou presa na ambiguidade de "Ah, uau, estou sozinha em um bar com um amigo às duas da manhã", ignorando completamente o conceito de um encontro. E o que é louco nessas noites de deslize-ambíguo-para-enfim-um-encontro é que são *idênticas* a noites cem por cento *platônicas* com *exatamente os mesmos caras*.

É perfeitamente possível encontrar alguém de maneira orgânica e convidar a pessoa para sair, mas eu nunca fiz isso. Uma única vez, eu *disse*, orgulhosa de mim mesma, "Vamos tomar um drinque", o que, na minha opinião, são sinônimos. Tudo correu muito bem até o cara mencionar a namorada. (Mais sobre o assunto em capítulos posteriores, porque, óbvio, tenho *um monte* de questões.) Também é perfeitamente possível se dar conta de que você sente atração sexual por um amigo e mandar um "Que tal marcarmos um encontro?", mas sou cética demais para crer na existência de sequer uma única pessoa no mundo com tamanho controle emocional.

Então... já estive realmente em um "encontro"? Bem, que peso devo dar ao fim da noite? Um beijo significa que *era* de fato um encontro o tempo todo, mesmo que eu achasse que apenas cumpria serviço comunitário ao obrigar alguém a assistir a *Harry e Sally — Feitos um para o outro? Não* beijar significa que definitivamente não era um encontro? Minha experiência emocional conta que... *pareceu* um encontro, apesar de eu ter abortado a aterrissagem? Se ele falou em "um outro encontro que tive", isso quer dizer que está se referindo a *isso* como um encontro?! Ok, então por que *ainda estou sozinha*?! Em contrapartida, se lembra daquele "foram três possíveis encontros, mas nem mesmo nos beijamos nos dois primeiros" que mencionei?! Na ocasião, *agonizei* sem saber se foram encontros. Recentemente, o cara me confirmou que foram mesmo encontros: faz diferença que eu realmente não soubesse a resposta naquele momento?

Na verdade, o cara se referiu àquela série de encontros — saímos somente outras duas vezes antes que ele terminasse comigo — como "namoro". E eu meio que: [voz de Jerry Seinfeld] nem mesmo me *fale* em "namoro". Quando as pessoas usam essa palavra para falar sobre alguém que conhecem há duas semanas, tenho um aneurisma. (Sinceramente, parabéns para mim por ter sobrevivido a dezenas de aneurismas.) Devia ser contra a lei usar a palavra "namoro" se você estiver pegando alguém por menos de seis meses. Leva no mínimo seis meses para sequer descobrir se está "saindo" com alguém!

Para piorar tudo, a palavra "encontro" se tornou tão tensa; é uma parede branca na qual projetamos muitas de nossas ansiedades. "Encontro" significa tantas coisas diferentes para as pessoas que, na essência, é uma palavra sem significado — tipo "amor"! (*Simplesmente, amor...* um bom título caso este livro algum dia seja adaptado para o cinema...) Se possível, sumiria com a palavra "encontro" e inventaria palavras novas e menores para cada experiência distinta. Mas quem sou eu na fila do pão, Shakespeare?! Além do mais, novas palavras inventadas me incomodam tanto que tenho que supor que (a) os contemporâneos de Shakespeare achavam o sujeito um saco ou (b) todas essas palavras já eram usadas, mas ninguém anotava porque eram iletrados ou muito ocupados *não* abandonando esposa e filhos. A ideia de "encontro" é uma construção social em constante mutação, tanto que, quando você descobrir o que significa, os adolescentes da vez já decidiram que quer dizer algo completamente diferente. E segundo Moira Weigel em *Labor of Love* (Os trabalhos do amor, em português), os americanos nem namoravam até 1900! Desde que o namoro começou a existir, está evoluindo a uma velocidade que preocupa, de modo significativo, os mais velhos (qualquer um que não seja adolescente).

No fim das contas, creio que classificar algo como um encontro (ou namoro) é tão impossível que se torna sem sentido. Melhor apenas confessar seus sentimentos a uma pessoa e ouvir o que ela sente por você. A essa altura, não acredito que possamos encontrar uma única definição para "encontro". Como poderíamos? Talvez devêssemos apontar alguém para a tarefa, mas quem seria sábio o bastante? Oprah? Ela tem mais o que fazer! Está atuando de novo!

Talvez haja um quê de autoindulgência em se martirizar imaginando se foi um encontro em vez de apenas reunir a coragem para perguntar. É dramático! Você se deleita no drama, no *frisson* de um relacionamento incipiente, no qual você está sempre analisando os sinais e saídas significativas. Isso faz com que você se sinta parte de uma história e, portanto, a Protagonista. Comecei a perceber que supor se uma saída foi um encontro é como amor não correspondido: na verdade, bem fácil de resolver e extremamente entediante. Então: já fui a um encontro? Claro. Aos montes!

Maneiras de deixar claro que é um encontro

◆ Diga "Obrigada por me encontrar para nosso encontro.";

- ◆ Quando marcarem a saída por mensagem, digite "É um encontro romântico!";
- ◆ Com quinze minutos de encontro, fale "Que encontro divertido estamos tendo!";
- ◆ Mencione que, em comparação com outros *encontros*, aquele é o melhor/o mais longo/a vez em que mais detalhadamente discutiu as escolhas de carreira de Nic Cage;
- ◆ Diga "Ah, ótimo, essa vela pequena é muito romântica, apropriada para nosso encontro.";
- ◆ Peça ao barman uma cerveja Miller High Life para você e uma para seu par romântico;
- ◆ Refira-se a suas meias como "meias para encontros".

Apps

Sou antiapp, embora saiba que descolaria mais encontros se não fosse. O objetivo de apps de encontros — o sonho brilhante de um futuro mais fácil — é apresentar você a todo candidato com quem você poderia possivelmente estar interessada em sair e oferecer um ambiente em que tenha passe livre para convidá-los para um encontro. É como um príncipe de conto de fadas oferecendo um baile obrigatório para todas as donzelas solteiras do reino, só que todos os caras solteiros também foram chamados e ninguém precisa decorar um monte de coreografias elaboradas. A maior vantagem dos apps, a meu ver, é que estabelecem, de cara, que você está mesmo *em um encontro*. (Ou em busca de sexo casual — decidam por si mesmos, crianças descoladas, se isso é um encontro. Mas, por mim, aproveitem um pouco, chamem de encontro, vocês merecem.)

Infelizmente, realmente existem psicopatas que procuram amigos em apps (???), muito embora esses aplicativos existam PARA ENCONTROS, por isso se chamam "apps de relacionamento". Sei que alguns apps afirmam que também servem para estabelecer amizades, mas só alegam isso para parecer menos pervertidos. Apesar de respeitar inteiramente o desejo de qualquer pessoa de se conectar com outros humanos em um nível não sexual, acredito piamente que o Tinder não é o lugar para isso. Entrar em um aplicativo de pegação para encontrar amigos é, para mim, como uma bola pula-pula tentando a sorte na banca de maçãs da feira. Tipo, ok, você parece legal, mas estou aqui atrás de algo bem específico. Se quer tanto assim um amigo, vá fazer um workshop de improviso.

E embora os aplicativos permitam que você aumente drasticamente seu número de primeiros encontros... não quero ter um zilhão de primeiros encontros. Estou MEGAocupada. Já é difícil o suficiente planejar encontros com homens com quem já estou transando. Já é difícil o suficiente sequer encontrar meus amigos! Quase não passo uma noite sozinha, me divertindo comigo mesma — e sempre que faço isso, sou atormentada pela culpa de não estar em casa, trabalhando. Só a ideia de ter que ir a dezenas de primeiros encontros me dá bruxismo. Talvez um em 150 caras (se tanto!) vai se sentir atraído por mim e ser atraente para mim. Prefiro trabalhar com qualidade, não quantidade, e 150 encontros me parece excessivo.

Os aplicativos também pedem que você se mercantilize de um modo que me deixa, metafórica e fisicamente, meio que enojada. Em geral, namorar pode ser visto como uma competição com todo o restante do planeta, mas apps exigem que você se anuncie especificamente para um consumidor romântico. Que fotos vão VENDER você como uma parceira desejável? Que bio vai ser seu slogan? Quais são as seis coisas de que não pode abrir mão, mas de um jeito sexy? Uma vez eu estava no OkCupid e enumerei 1. fantasmas 2. fantasmas 3. fantasmas 4. fantasmas 5. fantasmas. 6. *Tesouro Nacional.* E os consumidores ODIARAM! Todo o conceito do capitalismo, que bens e capital são finitos e que estamos em uma competição por eles, é uma tática para nos assustar e fazer com que a gente continue oprimindo uns aos outros enquanto uns poucos privilegiados se beneficiam. Os privilegiados nesse cenário de namoro-à-la-capitalismo são, imagino, Leonardo DiCaprio, que NÃO É GATO e que só namora loiras de 20 anos. (Leonardo DiCaprio deveria, na minha opinião, estar na cadeia.)

O que odeio ainda mais que me mercantilizar são homens me julgando como uma mercadoria. Por milhares de anos e ao longo de toda a vida, a mulher é reduzida a seu valor como objeto sexual (barra trabalhadora doméstica). Aprendemos, desde muito cedo, a nos empenhar para aumentar nosso valor sexual aos olhos dos homens, sem nem perceber que é esse o motivo de (por exemplo) estarmos nos martirizando, indecisas sobre se o único lanche do dia deve ser uma pera ou um iogurte diet de 70 calorias. Por anos — a maior parte da minha infância e início dos meus 20 anos —, desperdicei a maioria dos meus pensamentos conscientes em comida e em quanto odiava e temia meu corpo. Foi necessário muito empenho para desassociar minha noção de corpo e senso de dignidade romântica de fontes externas. Receio que apps arruínem esse esforço. Simplesmente não parece valer a pena um primeiro encontro com um cara chamado Grayson, que trabalha com fundos de investimento.

Um dos supostos benefícios dos aplicativos é a escolha: existem todas essas pessoas, milhares e milhares, que nunca, nem em um milhão de anos, você conheceria organicamente. Mas rola também um excesso de opções. Não estou dizendo isso de um modo zen-koanesco, ou com tom de "vá pensar sobre *isto*". Tipo, há estudos científicos que provam que opções demais fazem você mais infeliz. Em 1995, Sheena Iyengar, professora da Universidade de Columbia, conduziu um estudo que mostrou que as pessoas estavam mais propensas a comprar geleia quando apresentadas a seis opções em vez de vinte e quatro. (E, assim como geleia, homens podem ser muito doces e essencialmente sem propósito por si sós.) Outros estudos mostraram que as pessoas estão mais inclinadas a se arrepender de suas escolhas quando confrontadas com mais opções, porque é menos provável que tenham feito a MELHOR escolha possível. Então, nos apps, deslizamos e deslizamos para o lado na certeza de que existe um parceiro ainda melhor por aí.

Na verdade, acho que somos compatíveis com uma grande variedade de pessoas. Em vez de deslizar indefinidamente enquanto assiste a *Hora de aventura*, melhor escolher alguém e fazer um esforço enquanto assiste a *Hora de aventura*. Existe O Parceiro Perfeito para mim em algum lugar por aí? Acho que não. E, sério, eu teria medo de encontrar essa Pessoa Ideal para Blythe. Parece um episódio de *Black Mirror*. E talvez seja; parei de assistir depois do episódio com o Domhnall Gleeson. Já tinha visto o suficiente.

Não que eu não compreenda o desejo de encontrar a pessoa perfeita! E não estou dizendo "Ei, aceite qualquer um!". Saio casualmente com pessoas, mas acho complicada a ideia de compromisso porque me visualizo casada com a pessoa, testemunhando nossas pequenas diferenças se transformarem em problemas enormes e amargos que, enfim, culminam em nosso desastroso divórcio. Meus pais são divorciados! O divórcio me parece o fim lógico de qualquer relacionamento. Mas nenhum casal é livre de desavenças e, assim como não preciso namorar toda pessoa que beijo, não preciso casar com cada pessoa que namoro, e não tenho que ser, nem continuar, casada, nunca! Como minha mãe me lembrou certa vez, quando eu estava estressada pensando em largar o emprego: "Ninguém fica no mesmo emprego a vida toda. Caramba, seria estranho se ficássemos casados com a mesma *pessoa* a vida toda!".

Gosto de conhecer homens de forma aleatória, como a vida decide colocá-los em meu caminho, mesmo que isso signifique que eu nunca vou conhecer Grayson, o cara do fundo de investimentos. Conheço esses homens aleatórios quando estou fazendo coisas das quais já gosto, então não passo nossa primeira conversa encucada se estou perdendo meu tempo. E com frequência conheço gente porque gostamos das mesmas coisas e das mesmas pessoas; somos — pelo menos nessas áreas — compatíveis. E às vezes levo um tempo para descobrir se estou interessada em alguém! Todo mundo me parece meio atraente, então quase nunca sinto uma vontade incontrolável de arrancar as roupas de um cara específico. Em uma ocasião, eu já conhecia o cara por mais de um ano quando o vi grelhando vegetais com maestria e pensei... hmm, acho que quero ver esse rapaz pelado.

Bons lugares analógicos para conhecer homens

Júri popular. Uma vez a cada vários anos, você é legalmente forçada a confraternizar com pessoas que não são colegas de trabalho e não saíram com nenhuma de suas amigas. É a ocasião perfeita para encontrar um namorado. Saia com outro jurado! Saia com um meirinho! Caramba, saia com um advogado, embora eu tenha certeza de que isso configura obstrução de justiça!

A casa de uma amiga onde você está passando férias. Jamais me imaginaria capaz de ter um romance de férias com um advogado alto (australiano) de direitos humanos, mas tudo é possível quando ele mora no prédio de sua amiga. Claro, sou gata e uma companhia ótima, mas o argumento decisivo foi o canto da sereia da "imediata proximidade às duas da manhã". Era quase como estar na faculdade, se algum homem tivesse me desejado na faculdade!

Museu de arte. Ache um David Hockney. Procure um cara magro, com cabelo oleoso. Diga algo sobre o quadro. É uma cantada!

Cursos. De... não sei... cerâmica?

Coletivos de artistas. Filie-se a um, ou visite aquele do qual um(a) amigo(a) já faz parte. Vague pelo espaço compartilhado até achar alguém interessante. Pergunte sobre o papagaio que ele está pintando em um velho baú de tesouro.

Cafés. Não incomode quem está trabalhando, óbvio. Mas quem está lendo... tipo, por que alguém lê em um *café*? Com sutileza, tente flertar citando Flannery O'Connor. (Mas lembre-se da regra das duas perguntas, *homarada!*)

Concertos. Até pouco tempo atrás, eu diria que esse não é o território ideal de caça. Então fui a um show da Angel Olsen em que me vi parada ao lado de um cara atraente. Enquanto esperava o início do show, eu ignorei o cara solenemente, enviando quinhentos Snapchats para pessoas com quem não falava havia anos. Mas aí uma garota na minha frente mandou o namorado pegar bebida e começou a conversar com o cara atraente, um total estranho. Simples assim! O cara atraente disse que cursava Direito, o que me parece empolgante, mas não por conta do dinheiro que ele pode ganhar um dia, mas porque ele pode me explicar o que está certo e o que não está na dramédia legal *Suits*.

Igreja?! Valeria a pena frequentar a igreja, dependendo do cara? Acho que existe uma comédia romântica inteiramente patrocinada pelo Christian Mingle, um site de relacionamentos para solteiros cristãos, que fala exatamente sobre isso.

Eventos artísticos organizados por amigos. Você vai encontrar pessoas que conhece, elas vão encontrar pessoas que conhecem, vão apresentá-las a você. E você terá, de imediato, um assunto sobre o qual conversar com essa pessoa! Além disso, estará apoiando seus amigos.

O prédio do Brooklyn Borough Hall. Tem *um monte* de skatistas de 20 e poucos anos por lá. Eu me senti muito intimidada para começar uma conversa, mas talvez você tenha mais sorte.

Namore a pessoa que você quer ser no mundo

Em teoria, em qualquer parceria, seu companheiro é alguém que você admira e que te inspira a ser uma pessoa melhor. Eu me lembro da primeira vez que beijei um cara gentil, generoso e decente. "Hmm", pensei, "talvez deva me esforçar para não ser uma vaca com toda pessoa que conheço." Foi uma verdadeira revelação! Mas o conceito de namorar a pessoa que você quer ser no mundo é diferente de admirar e de copiar os traços dela. Tem a ver com namorar (ou querer namorar) alguém que você, de um modo significativo, deseja *ser*. É parte crucial do motivo de eu ter cobiçado Ezra Koenig antes mesmo de saber como usar o Twitter. Provavelmente é parte importante do porquê Hillary se casou com Bill Clinton! Ou, na verdade, vice-versa!

Parte do impulso feminino de querer SER o parceiro se origina de uma longa e estúpida história de proibição a jovens mulheres de fazer qualquer coisa que não (a) sentar sozinha em uma sala sem abrir a boca ou (b) faxinar enquanto não abre a boca. As mulheres são socializadas para admirar sem participar de um modo que é tão difundido e aceito que isso nunca me ocorreu até eu ler o texto de Claire Vaye Watkins sobre "observar meninos fazendo coisas" em seu ótimo e revolucionário ensaio sobre subserviência, "On Pandering". Watkins escreve sobre como, na primeira etapa da vida, passou a maior parte do tempo não fazendo nada de fato, apenas assistindo aos garotos em suas atividades. "Assisti aos garotos tocando bateria, guitarra, cantando, eu os observei jogando futebol americano, baseball, futebol, nadando, jogando *Dungeons & Dragons* e *Magic: The Gathering*." Uma vez, tentei explicar a um homem esse fenômeno que Watkins e eu e (imagino) muitas outras mulheres vivenciaram, mas o cara disse que não engolia aquilo. Assim que soltou essa, várias colegas de trabalho e eu assistimos a esse cara e alguns homens do escritório tentarem virar garrafas d'água de modo que pousassem certinho em uma mesa.

Às vezes essa dicotomia homem-ativo/mulher-passiva é reconhecida: em *As patricinhas de Beverly Hills*, quando Tai diz ao skatista Travis que queria poder se jogar sem medo, como ele, em uma multidão, o garoto responde que ela não deveria fazer isso, "porque se as garotas fizessem isso, como os caras iam impressioná-las?". Mas essa desculpa de "Só estamos fazendo isso para impressioná-las, não é realmente divertido" lembra a época em que os homens costumavam dizer "Não, não, as mulheres são muito *boas*, muito *puras* para serem maculadas por qualquer influência ou responsabilidade pelo modo como o mundo funciona!". É arquitetada para fazer você *pensar* que quem está se dando bem, de alguma forma, é você, e então os caras podem monopolizar todo o lance de surfar na multidão.

Há apenas algumas décadas, as mulheres eram socializadas para assistir em vez de fazer, e muitas opções de carreira nem mesmo estavam disponíveis. A vida jogava responsabilidades na direção de jovens mulheres com mais rapidez e de forma mais concentrada do que fazia com os rapazes; por isso, enquanto garotos por todo o universo podiam montar bandas nos anos 1960, as adolescentes tinham de canalizar essa energia criativa em gritos e na vontade de trepar com Paul McCartney. (Duas coisas completamente agradáveis, com certeza, mas menos agradáveis em nível sociológico se você não tem a opção de ser a pessoa desejada e berrada.) As mulheres vêm canalizando criatividade para romances e sendo ensinadas pela sociedade a ter uma queda por esses Bons Partidos por tanto tempo que é fácil confundir admiração artística e profissional com admiração romântica. Como diz Nora Ephron em *Não lembro de nada e outros papos da idade madura*: "Não lembro o que veio antes: o desejo de ser jornalista ou o de namorar um".

A favor dos homens, devo dizer que já até *vi* caras (gentis, sensíveis, liberais) namorarem mulheres que representavam o que eles queriam ser no mundo. Mas não é algo tão comum, e às vezes parece que homens que escolhem mulheres criativas e bem resolvidas tendem a drenar o estilo e a energia vital delas. Com certeza, grande parte do motivo pelo qual namorar a pessoa que você quer ser no mundo é tão inerente ao gênero tem a ver com todo aquele lance de Esquerdomachos Inseguros (mais sobre o assunto... adiante) sentirem medo de namorar mulheres mais bem-sucedidas e de viver em uma sociedade que adestra o homem para punir as mulheres vitoriosas com a negação do amor. Então as mulheres precisam escolher! Eu prefiro (tentar) ser bem-sucedida e, portanto, punida pelos homens do meu tempo. Vivo na esperança de que, no futuro, um arqueologista de gênero neutro vá desenterrar meus tuítes e dizer: esses mereciam mais destaque.

Um motivo menos inspirado pelo gênero para namorar a pessoa que você quer ser vem de ser, como eu, uma bolha porosa muito afetada pelas qualidades do meio em que se está, absorvendo-as como um tofu marinando em um molho de caras gatos de estética maneira. E. Alex Jung escreveu sobre essa mesma característica em *Me chame pelo seu nome*, o filme maravilhoso estrelado por meu crush jovem, Timothée Chalamet, que, espero e acredito, um dia vai me namorar porque quer ser igual a mim. Jung identifica "o impulso de embaralhar as fronteiras entre o eu e o outro". Em especial sobre relacionamentos entre homens, ele diz: "O desejo é tanto *ser* o outro quanto querer estar *com* o outro". É emocionante encontrar alguém cuja mente e estética e modo de dançar e *vibe* em geral você queira copiar! Consiste em uns bons oitenta por cento do que nos atrai nas pessoas, sejam elas amigos ou namorados em potencial. E como, infelizmente, ninguém descolado parece oferecer aulas de Introdução a Como Ser tão Gato e Interessante Quanto Eu, a coisa mais próxima é namorar alguém e torcer para absorver algumas qualidades por osmose. Se você pode pegar HPV, com certeza é capaz de assimilar um pouco da facilidade-em-aprender-idiomas-super- -rápido de uma pessoa também!

Namorar as pessoas que você quer ser no mundo pode parecer um impulso pouco saudável. Mas não acho que seja exatamente assim! Talvez sejam os 27 anos isentos de terapia, um fato de que tenho vergonha e que adoraria retificar se não fosse tão ruim com agendas e incapaz de levantar cedo para encaixar uma hora extra de quaisquer atividades em minha vida. Mas: por que *não* se deixar inspirar por seu parceiro, me pergunto, gritando sozinha na mata. O diferencial importante aqui é que você tem a liberdade para pôr em prática as conquistas e escolhas de moda e seja lá o que seu coração desejar daquilo que você acha inspirador em seu parceiro. Contanto que você não surte e tente copiar detalhadamente o look e a personalidade do outro, algo que Harry Styles está fazendo COMIGO no momento (mas que acho adorável e aprovo, então graças a Deus). Claro, talvez eu esteja errada. Talvez eu deva pegar umas dicas com uma mulher que vi há pouco na Starbucks, lendo um livro chamado *Limites*.

Se você vai tentar essa merda, o ideal é que a influência no relacionamento seja aberta e recíproca. Você é Joni Mitchell, e um quê de James Taylor (ou talvez Leonard Cohen?) transparece, de tempos em tempos, em seu álbum *Blue*. E James está escrevendo "You Can Close Your Eyes" enquanto você está adormecida no banco de trás em uma viagem de carro e, ao acordar, ele lhe dá a música para gravar e você diz algo do tipo "Na verdade, pode ficar com ela". E é *fofo* quando você faz isso, e nem um pouco grosseiro!

Mas assim... talvez não seja recíproco. Como diria Hamlet, aí está o cacete do obstáculo, meu amigo! A verdade inconveniente sobre namorar a pessoa que você quer ser no mundo, a verdade inconveniente sobre todo este livro é que sou uma mulher que sente atração por homens em um mundo louco, simulado em uma Realidade Virtual e alimentado há milhares de anos por um algoritmo desenhado para dar aos homens um imenso poder legal e cultural sobre as mulheres. Estou interessada em me deixar inspirar por meus casos, mas se não tomar cuidado, o desequilíbrio estrutural entre nós pode me fazer cair, com facilidade, na armadilha de observá-los cuidando de suas coisas enquanto negligencio as minhas. E não quero isso! Assistir aos homens fazendo suas coisas pode facilmente me custar uma hora por semana, que eu poderia enfim usar em sessões de terapia.

De qualquer forma, sinto cada vez menos essa compulsão por namorar meus ídolos. Talvez porque agora eu tenha uma noção mais sólida da minha estética e identidade, as duas roubadas de minha amiga descolada, Emmy. Mas nos últimos tempos, embora eu tenha *beijado* quase exclusivamente comediantes (são as únicas pessoas que conheço!), não tento imitá-los. Comecei um novo lance: tenho crushes por pessoas cujas vidas nunca, jamais invejaria. A ideia é não mais copiar o ego de outra pessoa, mas enriquecer o meu, aprendendo merdas diferentes das que penso sempre (no caso, velhos episódios de *Friends*). E é legal admirar alguém de um modo zero por cento mercenário: não há nada que eu deseje aprender que vá me ajudar em algo que não seja me tornar um ser humano mais gentil e compassivo. Parei de tentar namorar a pessoa que quero ser no mundo. Estou lutando para ser essa pessoa.

Descontração performativa

Existe um estado de descontração verdadeiro e platônico em que você não passa todo o tempo obcecada por relacionamentos. Costumava pensar que isso advinha de uma vida rica e plena e que eu só chegaria lá como uma mulher de 55 anos que dirige duas séries de TV, doa a maior parte de seus bilhões para a caridade e passa seus raros momentos livres pensando em aprender a cozinhar. Agora sei que o verdadeiro relaxamento pode vir também de se sentir tão desmoralizada pela política americana que você não consegue se importar com homens.

Tem também o "ficar fria", estado em que, por meio de um esforço hercúleo, você aparenta tranquilidade mesmo quando está surtando internamente. Você embarca em viagens solitárias para o Colorado, como uma menina cool à procura de evolução, mas durante todo o tempo em que está fazendo trilhas para límpidos lagos montanhosos, pensa apenas no cara que beijou duas vezes há, tipo, oito meses.

Enfim, há a descontração performativa. Quando você nitidamente "age com frieza", de um modo que deixa claro para a pessoa que você está namorando (ou até, sem conhecimento da mesma, nutrindo um crush) sua irritação ou tristeza.

Barthes dá como exemplo chorar por se sentir menosprezado ou ofendido e então colocar os óculos escuros quando perto do amado a fim de esconder que esteve se debulhando em lágrimas, muito embora isso mostre com clareza que Alguma Coisa Está Acontecendo, afinal (a) ninguém usa óculos escuros em ambientes fechados e (b) levo de quinze a vinte minutos para achar meus óculos de sol, quando sequer lembro que existem, antes de sair de casa. É um comportamento passivo-agressivo numa situação em que deveríamos ser passivos, de um jeito leve, indiferente às emoções.

Acredito que o objetivo desse tipo de coisa seja estabelecer a vantagem moral, porque você está satisfazendo os padrões sociais de Parceiro Romântico Desencanado, mas AINDA pune seu amor/peguete/marido/crush ao fazê-lo tentar se tocar de que aprontou alguma coisa. Você está telegrafando "Oi, você fez algo errado e não estou feliz e você vai entender rapidinho o que fez se tirar a merda de um segundo para pensar no assunto".

Minha versão de descontração performativa é agir bem dócil e não hesitante pessoalmente e então, quando estou sozinha, tuitar anônima e furiosamente a situação. Também sou fã de desfazer amizade/dar unfollow/deletar números de telefone e deitar na cama para observar uma mancha no teto até que ele note ou me mande mensagem. Daí posso responder: "Mil desculpas, mas não tenho seu número salvo, quem é? [emoji do bebê anjo]".

Com sorte, seu parceiro pega a dica e saca por que você está falhando tanto em performar descontração e conversa sobre o problema. Mas ainda que ele não faça isso, você tem o prazer de se sentir legitimamente indignada por essa pessoa estar totalmente ARRUINANDO A SUA VIDA e NEM MESMO LENDO O SEU TWITTER!!! Em algum momento, você precisa decidir se quer trazer tudo à tona e discutir o assunto, caso ele não faça a menor ideia do que está acontecendo, OU se você quer apenas apagá-lo de sua vida sem maiores explicações.

Uma das grandes falhas desse esquema é que, segundo minha experiência, os homens não querem investigar sutis colapsos emocionais. Ao passo que, quando gente com quem me importo fica chateada, eu tento descobrir o que há de errado, como uma Nancy Drew emocional; sinto que sempre que tento mostrar qualquer sentimento negativo para um cara, ele só, tipo, ignora tudo até que passe. Isso me faz acreditar que The Hardy Boys é uma série de livros sobre dois irmãos (primos?) que esbarram em um mistério e passam as 175 páginas seguintes caminhando na direção oposta.

Modos de passar o tempo enquanto está esperando para responder uma mensagem

Essas dicas são, antes de qualquer coisa, um modo de te distrair enquanto você espera para responder uma mensagem apenas pelo tempo necessário para parecer "descolada", "relaxada", "ocupada", uma pessoa "cuja vida consiste em outras coisas além de comunicação digital". Na verdade, uso a maioria dessas opções quando estou na expectativa de RECEBER mensagens, embora seja supostamente mais fácil passar o tempo em tais casos, porque não há nada que eu possa fazer além de apenas continuar a existir.

BANHO. Houve um período na minha vida em que o ÚNICO momento que meu cabelo não ficava oleoso era quando eu esperava um cara responder uma mensagem minha. Tenho orgulho de dizer que hoje lavo meu cabelo por outras razões. Mas ainda não ESCOVO. Nem pretendo.

ESTEJA NO PERU E SEM WI-FI. Viajei para o Peru logo depois de conhecer um carinha e isso, COM CERTEZA, prorrogou o flerte por três meses, porque eu levava aproximadamente oito horas para responder qualquer uma das mensagens dele. Sexy!

SENTE EM UMA CADEIRA PERTO DO SEU CELULAR E NÃO FAÇA NADA. Claro, é bem difícil e aparentemente não tem sentido em apenas se sentar perto do seu telefone e NÃO responder uma mensagem. Mas você nunca ouviu falar daqueles experimentos psicológicos em que as crianças esperam para comer marshmallow e sua paciência é recompensada com mais marshmallows? Os testes provaram que as crianças que haviam esperado não se tornaram mais bem-sucedidas na vida, mas talvez você possa sentir que conquistou alguma coisa, não sei.

PENSE EM UMA CHARADA. Uma vez, enquanto evitava LER uma mensagem que tinha certeza ser o fora de um cara, pensei sobre uma charada que ele havia me contado. Resisti uns vinte minutos antes de desistir, pedir a uma AMIGA para ler a mensagem e descobrir que realmente havia sido rejeitada, então imediatamente deixei a festa à qual tinha acabado de chegar. E adivinhem só! Jamais decifrei a charada!

ASSISTA A *THE AMERICANS*. É um dos destaques no gênero "mas NA VERDADE é sobre casamento!".

LEIA SOBRE O DELÍRIO DE COTARD. Também chamada de "síndrome do cadáver ambulante", é uma doença mental rara em que se acredita já estar morto. É meio como me sinto quando várias pessoas não respondem minhas mensagens.

CONTATE SEUS SENADORES. Se seus senadores estão mandando bem, contate seus outros representantes. Ligue para o governador! Porra, ligue para um membro da câmara municipal. Quem sabe ele não atende?

Mantenha a frieza

Manter a frieza: agir como se não se importasse. Controlar e compartimentar suas emoções em pequenas doses, de modo a não matar ninguém, como Cary Elwes faz com veneno em *A princesa prometida*. Aparentemente, é assim que devemos nos comportar em um relacionamento.

Assim como não pensar em ursos-polares, ficar fria parece impossível. Tal impossibilidade deixa você mais obcecada, a ponto de sentir como se cada segundo da sua vida fosse uma luta para resistir à tentação de mandar uma mensagem para alguém. Você faz um cálculo constante para saber quanto do que está sentindo é "tranquilo" demonstrar. Porque não quer parecer *completamente* desinteressada! Não quer acabar como Jane Bennett em *Orgulho e preconceito*, tão preocupada em se comportar de maneira apropriada na corte com o Sr. Bingley que ele facilmente se convence de que ela não lhe dá a mínima. Por outro lado: isso acontece de verdade? Não é a coisa mais atraente do século XXI agir como se você não desse a mínima, como se você fosse um tipo de rocha? Rochas são sexy, não?

Demonstrar emoções, estamos convencidas, nos faria parecer carentes. Como diz *As regras*, "banque a difícil!". (Ou, pelo menos, é o que entendi lendo a página da Wikipédia de *As regras* e assistindo ao episódio de *Sex and the City* em que Charlotte tenta se converter ao judaísmo.) Então você protela mensagens. Diz que está ocupada nas noites em que não está ocupada. E não se ofende quando fazem o mesmo com você. Não pede muito, não depende desses caras para apoio emocional. Jamais revela que fala sobre eles com as amigas e evita, com extremo cuidado, qualquer indiscrição que passe a impressão de que você acredita estar em algum tipo de relacionamento. Quando você encontra esses caras por aí, se encolhe em uma bola e rola para longe, como um tatu. Como Alana Massey argumenta em seu ensaio "Against Chill": "É como um jogo de piscar em que a primeira pessoa a confessar sua frustração ou confusão perde". E, claro, você desperdiça um tempo enorme e nada despreocupado *pensando* em como manter a frieza.

E então, por conta dessa imensa pressão para não se importar, qualquer coisa que eles façam que *não demonstre* indiferença ganha, por associação, grande relevância. Já achei que homens estavam apaixonados por mim porque estávamos na mesma página quanto à frequência de mensagens. Na verdade, isso não quer dizer nada. Sei que meu melhor amigo homem, Todd, me ama, mas ele é terrível com mensagens. Mandar uma mensagem para ele é como escrever perguntas em um pedaço de papel e jogá-lo em um poço sem fundo. Sob essa perspectiva, é impressionante que eu consiga respostas em cerca de vinte por cento das tentativas!

É bem idiota que estejamos todos tentando, com tanto afinco, agir como se não nos importássemos com as pessoas que beijamos. Bancar a difícil nunca funcionou para mim — nem de longe. Inversamente, quando um cara de quem gosto está bancando o difícil — sendo pouco engajado nas mensagens ou fazendo doce para marcar um encontro —, isso não me faz desejá-lo mais, apenas me irrita. E embora algumas pessoas tenham problemas de autoestima que as impedem de aceitar atenção romântica, você não deve basear nisso toda a sua estratégia de namoro.

Charlotte Lieberman, ao escrever na *Cosmopolitan* sobre o fenômeno de ficar fria, cita o Dr. Michael Kimmel, autor de *Guyland*, e a Dra. Lisa Wade, professora de sociologia, para argumentar que, ao agir com frieza, basicamente as mulheres estão assumindo o típico padrão comportamental "masculino" de não demonstrar emoções e evitar a vulnerabilidade. Isso é algo que os homens são socializados para fazer desde pequenos, aprendendo que homens de verdade são impassíveis. Sinceramente, é uma merda que os caras sejam ensinados assim, e uma mulher fazer o mesmo é a clássica armadilha do feminismo (branco): em vez de inventar estruturas de poder próprias e abolir papéis de gênero de um modo que incentive verdadeira igualdade e compaixão, apenas incorporamos estruturas e papéis masculinos falidos. No lugar de encorajar *todo mundo* a ser honesto e aberto na procura do amor, simplesmente fazemos questão de esperar quarenta e cinco minutos antes de responder uma simples mensagem.

Todd (o amigo ruim com mensagens) me disse certa vez, depois de três meses me ajudando a entender se um carinha estava a fim de mim, que a atração não é binária, mas um espectro. Arfei. Pedi que ele repetisse aquela ideia para nossa outra colega de apartamento. Ela arfou. Isso mudou minha vida! Não na mesma hora — levo, tipo, três anos para aprender qualquer lição (use luvas quando está frio lá fora!) —, mas mudou mesmo. E me dei conta de que se alguém está dentro de meu espectro de interesse, gosto AINDA mais da pessoa se ela está a fim de mim. É legal saber que não serei rejeitada! É legal não precisar abrir o PowerPoint "Blythe é gata e interessante" para convencer alguém a sair comigo! Então deixe as pessoas saberem que você gosta delas. Só vivemos uma vez, e brevemente. Se alguém está ou não na sua, ser sua versão não relaxada acelera o processo.

As regras versus Minhas regras se eu escrevesse um livro sobre como se relacionar

1. **Seja uma "criatura como nenhuma outra"** versus Sou um tédio e gosto de ficar em casa assistindo a *Queer Eye*.
2. **Não encare os homens ou fale muito** versus Faça os homens ouvirem suas pérolas elaboradas.
3. **Não dê o primeiro passo (e não o convide para dançar)** versus Vá até homens nas festas e diga "e aí, qual é a sua?".
4. **Não ligue para ele e raramente retorne as ligações** versus Mande três mensagens seguidas, ache a foto de um guaxinim pelado que você queira muito mandar para ele, reflita sobre o assunto — então envie uma quarta mensagem.
5. **Sempre seja a primeira a desligar ligações** versus Qualquer pessoa abaixo de quarenta que ligue para os outros é assassina.
6. **Não aceite um encontro para o sábado à noite se o convite chegar depois de quarta** versus Diga

que não pode sair porque precisa ficar em casa e trabalhar, então, trinta minutos depois, responda, "argh dane-se é dia de maldade".

7. **Não encontre o cara no meio do caminho nem rache a conta** versus Pague mais que sua parte e diga "sou de sagitário, o signo mais generoso do zodíaco".

8. **Sempre se despeça primeiro** versus Quando ele disser "estou indo nessa", se jogue na mesa e responda "nãããão... que triste..."

9. **Nada além de beijos casuais no primeiro encontro** versus Sinceramente, parabéns por saber que está em um encontro, faça o que quiser durante e depois.

10. **Não trepe logo e outras regras de intimidade** versus Transe tão cedo ou tão tarde quanto tiver vontade! Uma vez queria beijar um cara mas não transar com ele, então pedi que saísse do meu apartamento e ficamos de pegação por trinta minutos em um banco do lado de fora de minha porta!

11. **Pare de sair com ele se não ganhar um presente romântico de aniversário ou de dia dos namorados** versus Se ele comprar um presente romântico para o dia dos namorados, tenha um ataque de pânico e pergunte a cada mulher em sua agenda de contatos o que está acontecendo.

12. **Não encontre com ele mais que uma ou duas vezes por semana** versus Mande mensagens frequentes sobre o quanto quer sair com ele, mas

tem tantos prazos que sua boca psicossomaticamente parece estar em brasa???

13. **Não diga a ele o que fazer** versus Diga a um homem que ele é misógino pelo menos uma vez por encontro.

14. **Não espere que um homem mude nem tente mudá-lo** versus Aos poucos doutrine cada homem em feminismo interseccional e radical.

15. **Não se abra muito rápido** versus Diga a ele que você está escrevendo um livro intitulado *Como sair com homens quando você odeia homens*.

16. **Seja honesta mas misteriosa** versus Explique a ele as razões científicas para você fazer mais cocô quando está menstruada.

17. **Ame apenas aqueles que amam você** versus Na verdade essa é boa.

Conversando com

Nunca entendi quando as pessoas diziam que estavam "conversando com" alguém, como se isso tivesse relevância. Hmm, sim, "converso com" dúzias de pessoas ao dia, a maioria das quais com certeza nem sabe meu nome, muito embora tenhamos trabalhado juntas por mais de dois anos. Então, se você está apenas "conversando com" um cara, diria que estamos ambas solteiras, miga. Ainda mais quando "conversando com" não se refere a interações cara a cara, e sim papos por telefone, por mensagem ou, não sei, seja lá o que os adolescentes andam usando (directs no Insta??).

A primeira vez que ouvi a expressão "conversando com" foi no verão de 2012, quando trabalhei numa loja da Victoria's Secret em um shopping no subúrbio da zona norte de Chicago. Passava os dias medindo o peito das pessoas e inventando fatos sobre primers. (Em geral, me faziam trabalhar na seção de beleza, o que, se você alguma vez viu meu rosto, chega a ser hilário.) Trabalhar na Victoria's Secret foi, sinceramente, uma das experiências mais feministas da minha vida, e ali reuni observações detalhadas para um romance sobre o assunto antes de lembrar que não sei escrever ficção. Uma de minhas colegas vinha "conversando com" um sujeito que era militar, então, em vez de sair, eles flertavam por SMS.

(Além disso: recentemente conheci pessoas que usam a frase "conversando com" no sentido de "pegando". A princípio, entrei em pânico, achando que eu parecia uma imbecil casta ao acreditar que conversar queria dizer, você sabe, conversar, mas o Urban Dictionary lista os dois significados. Shakespeare morreu há uns dez milhões de anos, mas a língua inglesa continua a surpreender, bebê!)

Quem sabe você não gostaria de um exemplo mais na linha cultura pop? Bem, pense em "Panda", aquela música em que não param de repetir "Panda". Em "Panda", um então adolescente Desiigner declara que tem muitas gatas em Atlanta. MAS: ele confessou à revista *Billboard* que jamais esteve em Atlanta. A gata (sim, apenas uma) a que se referia era uma garota com quem só estava conversando pelo Facebook. "Nunca nos encontramos pessoalmente", disse Desiigner à *Billboard*. "Ela só comentou que era de Atlanta, então pensei, tipo, 'Beleza... Tenho gatas em Atlanta'."

Talvez isso soe muito suspeito para você, assim como as circunstâncias românticas da minha colega promotora de sutiã me pareciam! Mas fico feliz em relatar que um dia me sentei e pensei bastante no assunto, como naquele meme do cérebro evoluindo de uma pizza simples de muçarela para uma de pepperoni, então para uma de abacaxi, até se tornar um ser humano irradiando luz, representando um abacaxi com um pepperoni acoplado. Ou seja: agora acredito que "conversar com" é real. Há grande intimidade em mandar mensagens sobre o nada por horas. Vocês trocam histórias e descobrem os interesses um do outro, se abrindo para novos assuntos que podem explorar de forma casual. (O que significa, claro, que vocês ultrapassaram aquele terrível primeiro estágio em que só podem trocar mensagens sobre o trabalho e seu amigo comum, Jeff, em cuja festa de aniversário se conheceram.) Vocês criam piadas internas. Aprendem como a outra pessoa expressa o riso. (A princípio, você achou que aquele "haha" era sarcástico, o que quase arruinou tudo!) Sinceramente: é incrível! É uma alegria!

Ao trocar mensagens com uma pessoa o dia todo, como "conversar com" implica, você gasta uma incrível quantidade de tempo bolando idiotices para digitar, o que não é nem algo que eu faça com minhas amigas a não ser quando estou sozinha em um show e a banda de abertura acabou de se apresentar, então preciso esperar cinco horas até o evento principal começar. E quando um cara tem esse ritmo... Puta merda. Porque segundo minha experiência pessoal, muitos homens são péssimos em mandar mensagem. Com certeza isso se deve ao fato de que as mulheres são socializadas para se tornarem excelentes comunicadoras, as melhores para cuidar do trabalho emocional que... Quem se importa, o que interessa é que "muitos homens são péssimos em mandar mensagens" é uma máxima verdadeira e está me levando à loucura. (Barthes disse que "A identidade fatal do enamorado não é outra senão: *sou aquele que espera*", mas acredito que essa seja a identidade fatal da mulher que tem um celular.) Logo, se um homem que mal conheço me manda uma mensagem perguntando "O que devo dar a minha mãe de aniversário?", considero isso uma prova de que ele está muito a fim de mim. Um grande exemplo de idiotice sem sentido que você inventa para manter um relacionamento de "conversa com" é tudo que está no filme *Mens@gem para você*. Todos os e-mails trocados por Meg Ryan e Tom Hanks são totalmente loucos e despropositados — uma borboleta no metrô? Ah... legal? Mas é assim que você percebe que eles estão se apaixonando.

Então, levando tudo isso em consideração, concordo com Desiigner. Houve uma época em que cheguei a achar que eu tinha um gato na Europa. Mas agora ele está me ignorando! OLÁ!!!! SE VOCÊ ESTÁ LENDO ESTE LIVRO, POR FAVOR, RESPONDA A SIMPLES PERGUNTA QUE ENVIEI POR MENSAGEM!

Mas na verdade eu não culpo o sujeito — a maioria dos meus "conversando com" murcha. Os caras moram muito longe, não era o momento certo ou apenas não tínhamos a mesma química pessoalmente que vivenciávamos via mensagem. Seria essa uma característica de "conversando com"? Será que todos os relacionamentos nascidos de um extenso período de digitação estão fadados a desvanecer discretamente ou, pior, terminar como o do conto da Kristen Roupenian, "Cat Person"? Na história, uma jovem mulher conhece um homem mais velho e entra numa de trocar mensagens com ele. Os dois inventam piadas internas e fazem descobertas um sobre o outro, do tipo "Em determinado momento, nós dois tivemos gatos!". Baseada nessas pequenas informações e nas muitas suposições que ela projeta no homem, a jovem concorda em ir a um encontro, que acaba sendo desastroso. Talvez você se lembre de que, quando a história foi lançada, toda mulher no mundo meio que se manifestou, dizendo "Sou eu! Encontros são uma merda! O mundo é uma latrina! Sexo heterossexual é estupro!".

Como escrevi antes, é definitivamente bem comum e normal fantasiar sobre um provável parceiro romântico que mal se conhece. (Se você é um homem com quem conversei mais de uma vez, me pergunte sobre os detalhes dos sessenta anos que imaginei para nós.) Não acho que isso seja verdade apenas para relacionamentos com um início centrado em mensagens. De uma forma ou de outra, você vai acabar aprendendo coisas sobre o outro que não se enquadram no que você havia imaginado. Talvez só leve um pouco mais de tempo para chegar à mesma conclusão via mensagem porque é mais fácil manter a linha quando você tem cinco segundos para ponderar se deve mesmo fazer aquela piada infame. (Minhas ilusões amorosas sempre são destroçadas por piadas especialmente infames.)

Admito que voto por conhecer um pouco a pessoa antes de mergulhar no flerte digital, de modo que as fantasias tenham, ao menos, um alicerce na realidade. No caso de alguém que você conheceu em um app de encontros, esperar até que tenham se encontrado para começar a trocar mensagens loucamente garante que você não está queimando bons tópicos de conversa ou perdendo precioso charme textual com alguém que se revela um imbecil! É mesmo insano que Shopgirl e NY152 não tenham se "conhecido" oficialmente até a cena final de *Mens@gem para você*. Dou um desconto porque, na época, a AOL era novidade. Eles não sabiam de nada. Mas você, leitor, sabe!

Para responder a versão mais jovem e idiota de mim mesma que não acreditou que "conversar com" era real: a internet é real. Seu telefone é real. O que acontece nessas coisas acontece com você em sua vida real. Certa vez, troquei cartas com um garoto por um ano antes de nos beijarmos — será que considerei isso mais real? Se tanto, foi menos real, porque acontecia com menos frequência e foi mais pensado e envolveu mais poemas (me mate).

Relacionamento de Schrödinger

O Gato de Schrödinger é uma experiência imaginária da qual todos já ouvimos falar e da qual sabemos o bastante para "pescar" as referências em tirinhas da *New Yorker*. Há um gato em uma caixa e, a não ser que você vá checar, ele está paradoxalmente morto e vivo por alguma razão. Algo a ver com mecânica quântica. Legal, bacana.

O Relacionamento de Schrödinger é uma tática para garantir que você não *não* está namorando alguém ao evitar "checar" o status da parada. Essa tática é útil se você acha mais interessante manter as circunstâncias de seu relacionamento incipiente em sobreposição quântica do que simplesmente NÃO namorar aquela pessoa, e se também acha que isso é menos assustador do que tocar no assunto e ser rejeitada. Então, basicamente, essa é a estratégia ideal se você, como eu, é uma covarde romântica; ou se você, como alguém bem mais sofisticada que eu, chafurda nas sutilezas da existência humana.

A melhor maneira de atingir esse estado de idiotice quântica é tomando extremo cuidado no início de um relacionamento — basicamente qualquer coisa pré-beijo — para não se referir a nada do que estejam fazendo como "encontro". Claro, qualquer coisa que estejam fazendo poderia, com razão, ser interpretada como um encontro: um jantar, um drinque no fim da noite, um jantar seguido de um pulo de quinze minutos no museu porque vocês não se deram conta do horário, então drinques em vez disso. MAS. Dependendo do modo como a pessoa se sente em relação a você, ela pode considerar tais eventos apenas programas descontraídos.

Ao nunca se referir a essas atividades como "encontros", você jamais dá à outra pessoa a chance de dizer "Peraí, opa opa opa, isto NÃO é um encontro". Seguido provavelmente de "Eca, nojento, eu nunca sairia com você assim. Você ter achado que isso é um encontro prova que toda a sua percepção de mundo é distorcida, e é por isso que você jamais vai viver um relacionamento saudável, e também é por isso que você não entende o motivo de outras pessoas amarem tanto *Breaking Bad*." (Sinceramente: esse cara é grosso! Você não gostaria de sair com ele de qualquer forma! Em tempo: *Breaking Bad* não é uma boa série!)

Então, em vez de designá-los "encontros", você precisa apenas chamar as coisas de "um drinque". Deus a livre de tomar partido e usar uma linguagem que passe a ideia de que encara tudo isso como platônico! Num momento de dúvida, usei "saída", mas é o limite. Isso é o que eu fazia com meus amigos na adolescência quando estávamos entediados, éramos muito jovens para dirigir e já tínhamos batido a bicicleta de nosso amigo numa árvore. E, ao que parece, para os adolescentes de hoje, "saída" significa apenas sexo casual. Toda linguagem humana está sabotando minha tentativa de talvez possivelmente não estar *não* namorando esse cara!

Um problema menos frequente, porém igualmente importante: você precisa se certificar de nunca expressar por palavras ou por escrito a sua relação com essa pessoa. Isso inclui ser muito cuidadosa ao apresentar a pessoa a alguém, e também não mandar nenhuma mensagem do tipo: "Eu disse para minha colega de apartamento que não poderia ir ao Seminário de Empoderamento para Chefes Garotas que Amam Ser a Favor do Capitalismo porque estava tomando um drinque com meu amigo, Dave". "AMIGO?!" Dave tinha acabado de reunir a coragem para tomar uma atitude, e agora ele acha que você está dizendo que só quer amizade, fato com que, embora desapontado, ele está de acordo, porque sabe que esse lance de "friend zone" não existe realmente.

Eu sei que, em um mundo ideal, seríamos completamente honestos e revelaríamos a verdade em nossos corações. Mas como seria isso? Você não pode mandar um "Esse é o cara com quem saí três vezes e que ainda não beijei, e estou começando a ficar realmente obcecada por causa disso" ou "Essa é a garota com quem estou transando por conta de uma mistura de carinho genuíno, conveniência geográfica e transtorno afetivo sazonal". Sempre que sou obrigada a apresentar meu Interesse Romântico a alguém, lembrando aos 45 do segundo tempo de não chamá-lo de "meu amigo", caio na armadilha de não contextualizar o sujeito de forma alguma: "Este é..." [pisca devagar enquanto sorri cada vez mais até a cabeça ser engolida pela boca] "... Dave". [Assente vigorosamente por ter prolongado a ilusão de que Dave e eu podemos estar namorando por cinco minutos.] Isso dá a impressão de que sou péssima em apresentações, o que definitivamente NÃO SOU! Tenho muito orgulho de ser, tipo, ok em apresentações e pretendo melhorar aos poucos ao longo dos próximos vinte ou setecentos anos.

Ao fazer tudo isso, ao continuar a escolher atividades de namoro, vocês vão estar simultaneamente namorando e saindo como amigos. O problema aqui é que em algum momento você vai precisar perguntar se o interesse é recíproco porque, bem, você quer beijar o cara e não faz sentido esperar quinhentos anos para isso. Não só a vida é curta, mas, como a Dra. Helen Fisher escreve no livro *Anatomia do amor*, "As pessoas quase nunca se encantam por alguém que conhecem bem". E depois de um tempo, se estão saindo e se divertindo e não se pegando, provavelmente são apenas amigos. (O que não é ruim! Amigos são ótimos e importantes e você pode, sem dúvida, beijar pessoas que são suas amigas.) Mas dependendo da frequência com que estão passando tempo juntos, essa estratégia funciona por até um mês, talvez, aí vocês precisam beijar ou sair de cima.

Mas lembre-se de que outro princípio da física quântica afirma que se o elétron tem cinquenta por cento de chance de estar no ponto A e cinquenta por cento de chance de estar no ponto B, só porque você encontrou a partícula em A não significa que não esteja — em alguma realidade alternativa — em B. Portanto, mesmo que nesta dimensão Dave e você não sejam um casal, conforme-se com o fato de que, matematicamente, em um dos incontáveis universos paralelos, vocês podem ser.

Isto *não* é um encontro!

Como todo homem que já conheci tem um misto de fobia social e transtorno afetivo sazonal e como parece que atraio, basicamente, homens que terminaram um relacionamento de anos MINUTOS antes de me conhecer, com frequência acabo pegando caras que "não podem namorar ninguém no momento". Por mim, não tem problema nenhum. Não estou tentando armar um esquema para obrigar quem não está plenamente a bordo do *SS Blythe é Gata e Divertida* a casar. Não estou tentando emboscar homens! Exceto Harry Styles, mas não estou tentando prendê-lo num namoro. Estou apenas tentando prendê-lo.

Há pouco descobri que eu também não posso namorar ninguém no momento. Tenho muito trabalho acumulado, tanto que, às vezes, minhas mãos parecem em brasa. Também tenho o que, com certeza, são expectativas irreais sobre como um parceiro deveria ser e um medo paralisante de lidar com a logística de terminar com alguém. De qualquer forma, mudanças me fazem chorar; imagina ter que me mudar por causa de um homem que não me ama mais? Provavelmente teria que voltar para Antioch, Illinois, e boiar em um pântano pelo resto da vida.

Logo, aprecio homens honestos sobre sua disponibilidade emocional. Aprecio MENOS (no caso, me ressinto totalmente de) homens que não confiam em mim quando digo que não quero namorar também. Há uma diferença entre comunicar com clareza sua disponibilidade e gritar "NÃO POSSO ME ENVOLVER EM NADA SÉRIO NO MOMENTO" toda vez que goza. Em geral, os homens fazem seus discursos não-quero-namorar-você como se estivessem preocupados comigo, certamente com a melhor das intenções, mas parece que estão me infantilizando. Não quero nem preciso de um homem para cuidar de mim.

Quando estou pegando esses homens que não podem se envolver em nada sério, a ansiedade do "Isto é um encontro?"

se inverte. Não fico me perguntando ou desejando que seja um encontro, não fico naquela dúvida de se estão interessados em mim sexualmente — já estamos enfiando a língua no ouvido um do outro. Eles gostam de mim. Em vez disso, fico tentando deixar claros todos os sinais de que Isto Não É um Encontro. Como em: muito embora estejamos assistindo a uma peça e depois pretendamos discuti-la calma e minuciosamente em casa (chamo sexo assim), não é minha intenção me tornar sua namorada.

Homens — não aqueles que estou pegando, mas terceiros a quem implorei por conselhos tantas vezes que agora estão enredados em meu psicodrama — argumentaram que isso *é* uma relação, quer eu goste ou não. "É TÃO IRÔNICO que VOCÊ de TODAS AS PESSOAS não perceba que é uma relação!", berram, gesticulando. Mas acredito que você pode se divertir num esquema de saídas com um parceiro sexual sem "namorar". Tipo, por que não? Ir transar com alguém que mora do outro lado da cidade vai apenas sugar sua noite, então faz todo sentido jantar primeiro. Lembre-se de que a palavra "encontro" é tão desprovida de qualquer significado concreto que você pode associá-la ou não a qualquer coisa que lhe dê na telha.

(Se não "um encontro", como me refiro a essas noites? Uma vez fui de "compromisso pau grosso", uma frase presenteada por minha bela amiga angelical Phoebe Robinson. Mas as pessoas odiaram. Todo mundo para quem eu disse "compromisso pau grosso" se encolheu visivelmente. Um amigo que realmente odiou a expressão me pediu que inventasse "um eufemismo pudico como o restante de nós, pervertidos nojentos", então decidi usar o termo "clube do tricô". É claro que meu amigo esqueceu e, quando falei com ele uns dias depois que estava ocupada com o clube do tricô, ele insistiu que eu convidasse a namorada dele, que adorava tricotar.)

Por muito tempo, me perguntei qual era o meu problema para que todo homem presumisse que eu estava seriamente tentando arrumar um namorado. Será que ter assistido a muitos filmes da Nora Ephron enquanto meu cérebro ainda estava em formação me faz passar uma vibe de comédia romântica? Ou talvez eu seja apenas muito boa em conversa fiada? Será que as pessoas pensam que quero namorar com elas porque pergunto coisas sobre a vida delas?

Talvez sim. Vivemos em uma cultura que incentiva a mulher a ser emocionalmente perceptiva e aberta, mas desencoraja o homem a buscar as mesmas coisas. Enquanto uma mulher é aculturada para ser emocionalmente íntima das amigas, é aconselhado ao homem que se abra emocionalmente apenas com parceiras românticas. (Se tanto!) Então, quando comento sobre meu dia e pergunto ao cara sobre o dele, tentando ser solidária de um modo extremamente padrão enquanto fêmea socializada, ele pode facilmente interpretar tudo isso como ELA SE IMPORTA COM MINHAS EMOÇÕES, portanto ELA QUER ME NAMORAR. Posso entender por que um homem se sentiria assim, levando tudo em consideração! Isso explica por que eles veem suas companheiras como melhores amigas com mais frequência que as mulheres. Também explica por que o casamento é mais recompensador para os homens; homens solteiros têm maior probabilidade de se sentir solitários e morrer sozinhos mais cedo que mulheres solteiras.

Essa teoria de que os homens acham que quero namorar com eles porque são socializados para limitar conexão emocional a relações românticas me parece bem verdadeira. Senti orgulho de mim mesma quando pensei nela! E quando a tuitei! Posso ter mandado mensagem para um ex! Mas, para ser totalmente honesta, tenho certeza de que em algum momento eu *estive* bastante interessada em namorar. Durante grande parte da minha vida, *fiquei* estressada por nunca ter tido um namorado. Mas jamais *admitiria* isso. Como o estresse de odiar meu corpo, era algo que a sociedade me encorajava a sentir sempre e algo que o feminismo "girl power" superficial dizia que eu devia *parar* de sentir. (Não odeio completamente Girl Power — odeio pensar onde estaríamos sem *Spice World* —, mas se libertar da opressão de gênero vai exigir um pouco mais que frases de efeito e cadeiras plásticas infláveis de florzinha.) A essa altura, acho que superei a ansiedade de "Nunca namorei firme, tem algo de muito errado comigo!". Na verdade, meu nível de estresse está tão baixo que, apesar de não querer um namorado, posso, se não ficar atenta, acidentalmente arrumar um. MAS ainda quero um certo grau de réplicas em tom de flerte, responsividade de mensagens e reconhecimento-como--um-ser-humano das pessoas que beijo.

Existe uma grande diferença entre considerar algo um Não Encontro quando a outra pessoa desesperadamente não quer namorar *versus* quando ela talvez queira. Quando querem, parece bem pior! Quando suspeito de que alguém talvez queira ser meu namorado, deixá-lo cozinhar para mim e tocar seu joelho em público parece ser iludir alguém. Eu me preocupo que esteja roubando tempo e carinho deles sem oferecer um rótulo de segurança em retorno, como um súcubo, mas por comida vegana e por ficar abraçada.

Agora que *eu* estou com a consciência culpada, posso entender por que os caras se sentiram compelidos a ajustar o timer de seus celulares para me lembrar a cada quatro horas e meia de que eles não podem me namorar. Ser comunicativo é a coisa madura e saudável a fazer. Só é preciso evitar soar paternalista, como se a pessoa que está saindo com você fosse a maior idiota do mundo por pensar que você sequer pudesse amá-la — em especial quando você nem tem certeza se é isso que ela quer.

Mas talvez seja um saco ter todos esses papos sobre o-que--somos e onde-estamos. O simples fato de observar e discutir alguma coisa já traz uma mudança. Uma vez assisti a uma (péssima) peça chamada *Heisenberg*, que não tinha nada a ver com física, e sim com as tentativas de duas pessoas de colocarem rótulo na relação. Levei umas boas dezoito horas para entender a referência, mas quando entendi, fiquei bem impressionada.

4

FERIDAS EMOCIONAIS

Homens transformando o
Teste de Bechdel em arma

O Teste de Bechdel é um critério inventado pela cartunista Alison Bechdel em suas tirinhas *Dykes to Watch Out For* para classificar filmes. Para passar no teste, o filme tem que ter pelo menos duas mulheres (com nome) conversando entre si sobre qualquer coisa que não um homem. O teste é um modo fácil e rápido de julgar se algum filme (leia-se: tudo em exibição nos cinemas) é sexista. É uma métrica tão simples, mas realmente coloca em perspectiva a quantidade de filmes do circuito (mais ou menos entre quarenta e cinquenta por cento!) que não elenca mulheres ou que as usa apenas como instrumentos para aprofundar a trama sobre os homens, fornecer exposição ou alívio estético ou tramas baratas (por exemplo: estou roubando para reconquistar minha esposa gata, que tem uma única fala o filme todo!!!). Não é de estranhar que na vida real os homens tratem as mulheres como descartáveis e menos reais, como se os desejos e preferências e consentimento delas importassem menos que os deles, visto que os filmes reforçam que elas são apenas figurantes, e os homens, protagonistas.

E, ainda assim, existem homens que usam essa ferramenta de representação feminina contra mim (uma mulher)! VOCÊ: [arregala os olhos.] EU: NÃO É???? Uma história:

Apresento um show cômico-científico ao vivo com minha amiga Madelyn. Chama-se *The Scientists* (não somos cientistas). Começar um programa sobre ciência foi empolgante e cansativo e exigiu meses de preparação (lembre-se: não sou cientista. Li romances para meu diploma universitário. Certa vez, no lugar de um trabalho final, escrevi as trinta primeiras páginas de um roteiro sobre como Kanye West era o Grande Gatsby do início do segundo milênio. E acho que tirei, tipo, um B naquela disciplina). Antes de participar de qualquer programa ao vivo, quero vomitar, mas antes daquele piloto de *The Scientists* — prestes a subir no palco e afirmar que Madelyn e eu tínhamos alguma autoridade para zoar inteligência artificial —, senti como se minhas entranhas tivessem virado purê e sido gratinadas lentamente. Mas subimos lá e berramos sobre robôs! E foi maneiro!

No dia seguinte, recebi hate de um cara qualquer: com nome composto, que, ao que parecia, estava na audiência naquela noite. A mensagem consistia em um longo parágrafo enumerando críticas ao programa, mais especificamente a nosso trabalho como apresentadoras, e ainda mais especificamente a mim. Esse sujeito precisava muito me dizer que estava ofendido/desapontado/puto porque eu tinha gastado tempo (no máximo cinco minutos em um programa de uma hora e meia) comentando como (o ator irlandês) Domhnall Gleeson e (o engenheiro do Google) Jeff Dean Eram Gatos A Meu Ver. Escreveu o dito: "Basicamente, você mal passaria em um Teste de Bechdel **na vida real**". (O negrito e sublinhado são dele, óbvio. Quem enfatiza as coisas assim? Fica feio, e considero uma macroagressão!)

Esse homem se apossou do Teste de Bechdel, uma ferramenta criada para destacar como as mulheres têm pouca voz na indústria da cultura, e o usou para policiar minha linguagem em um show que eu apresento com outra mulher. Um show **sobre ciência.** (Viu?)

Eu me senti tão envergonhada depois de ler o e-mail desse cara. Nos meses de pré-produção, tinha ficado tão nervosa com a ideia de apresentar *The Scientists* sem qualquer qualificação real além do meu entusiasmo e minha habilidade de estudar muitos artigos, que, quando li esse e-mail, pensei, tipo, *Ah, sou uma idiota sem seriedade.*

AGORA, óbvio, me dou conta de que isso não é verdade e percebo que aquele e-mail foi meio que hilário e que aquele cara era um verdadeiro babaca. Nunca respondi, então caso o tal sujeito esteja lendo este livro (o que ele não está; eu chequei, ele não me segue no Twitter), eis o que tenho a dizer:

Antes de mais nada, como OUSA insultar Domhnall Gleeson ao questionar meu direito de achá-lo gato?

Segundo, alouuuu, passamos no Teste de Bechdel.

1. Duas mulheres (Madelyn, eu)
2. Que conversam entre si (nossas piadas são o objetivo do programa)
3. Sobre algo que não um homem (no caso, sobre se robôs vão concluir que humanos são inúteis e nos pulverizar em nível atômico)

Não há qualquer quarta exigência de que mulheres *nunca* mencionem homens, como se tivessem sido teletransportadas para algum universo totalmente zero macho, o qual — se não envolvesse nenhum misógino-sabe-tudo me mandando mensagens a seu bel-prazer — eu estaria interessada em visitar! Talvez esse cara achasse que estava se inscrevendo em um programa de ciências apresentado por alguém mais na linha Neil deGrasse Tyson. Talvez o cara do e-mail ache que ciência só é válida quando trata de como, tecnicamente, BB-8 teria rolado sem controle pela areia, não sobre como o protagonista de *Ex Machina* é meu novo namorado. É direito inalienável de qualquer pessoa não gostar das minhas piadas. Assim como é completamente podre um homem tentar usar o Teste de Bechdel contra mim.

Para mim, não é intrinsecamente fútil falar sobre crushes. Se trato emoções femininas e interioridade como reais, então não é degradante falar das minhas emoções em relação aos homens. É expressão da minha experiência humana visceral. O Teste de Bechdel nada mais é que mulheres exigindo ser o centro da própria história e ter a oportunidade de contar essas histórias sem um cara qualquer nos enchendo por isso.

O problema da ideia de que falar sobre amor é frívolo é que isso só se aplica às mulheres. Quando um homem faz a mesma coisa, está cuidadosamente observando as nuances do coração humano e chovem Pulitzers sobre sua cabeça. Roxane Gay, na coleção de ensaios *Má feminista*, destaca que histórias sobre a esfera doméstica são apenas julgadas inferiores quando escritas por mulheres: "Considere o trabalho de John Updike ou Richard Yates. A maior parte de suas ficções é baseada em temas domésticos que, nas mãos de uma mulher, ganharia o rótulo 'ficção para mulheres'".

De modo ideal, quero escrever e pensar sobre MUITAS coisas ao longo da vida, a maioria das quais sem relação com Domhnall Gleeson. Essas coisas incluem combater a supremacia branca, a intolerância e o patriarcado; reverter a engenharia eleitoral republicana e superplanejar viagens de carro. Seria incrível se algum dia eu vivesse em um mundo onde se pudesse praticar um feminismo que, como recomenda Chimamanda Ngozi Adichie, cedesse menos "espaço para as necessidades masculinas". (Que Deus me perdoe por citar uma declaração na qual Adichie estava criticando Beyoncé.) Mas, no momento, os dois maiores obstáculos para não falar de homens são (1) homens me oprimem e (2) quero beijar todos eles.

Logo, não sou Neil deGrasse Tyson. Se fosse, o *StarTalk* toda semana apresentaria uma trama secundária com dois asteroides apaixonados. (Por favor, Neil, me note.)

Escala de 1 a 10

Existem algumas coisas que sempre foram péssimas, mas que só ganharam amplo reconhecimento depois que Donald Trump falou sobre elas. Entre essas coisas, KFC, salada de tacos e pontuar mulheres em uma escala de 1 a 10. Isso sempre, sempre foi babaca, mas costumava ser, tipo, uma coisa "engraçada" que os homens faziam na vida real ou nas séries. Mas agora que Trump é presidente, virou política pública!

Depois de um longo tempo me sentindo vagamente desconfortável com a classificação de mulheres em uma escala de 1 a 10 e, para ser bem sincera, depois de um tempo ainda mais longo tão inserida no simulacro do patriarcado que isso nem me parecia estranho, no estilo meme cachorro-bebendo-café-em-meio-a--incêndio, eis o que aprendi: reduzir mulheres a um número baseado apenas no quanto sua aparência física faz alguém querer trepar com elas é extremamente desumano. As mulheres têm valor além de sua aparência. Isso não é uma escala de 1 a 10; não é nem mesmo um gráfico de dois eixos. Não é sequer um gráfico de três eixos, a coisa mais complicada que aprendi antes de fechar meu coração e mente para a matemática porque [pega uma equação de cálculo] NÃO DESPERTA ALEGRIA. Ranquear mulheres deveria ser ilegal ou, PELO MENOS, tão complicado quanto um gráfico duodecimal. (Nem mesmo tente imaginar. Apenas pesquise no Google Imagens.)

E, de qualquer jeito, não tem nenhuma utilidade para esse ranking. Pessoas diferentes acham sexy coisas diferentes, então não é como se você estivesse fornecendo um sistema métrico útil, que pode ser usado por qualquer um a fim de poupar tempo, como um perfil de crédito. (Em tempo: acho que perfis de crédito são uma fraude, mas esse é um tópico para meu segundo livro, *Como sair com homens quando os perfis de crédito são uma fraude*.) E qual a diferença entre uma mulher nota 8 e uma mulher nota 10? Pelo visto, as duas são incrivelmente gatas, mas agora uma delas se sente insegura e como se precisasse comprar Dove sabonete líquido.

A simples ideia de pessoas classificadas em "níveis" de atratividade é totalmente dissociada da realidade. Uma das maiores descobertas da vida adulta é que qualquer pessoa pode trepar com qualquer pessoa. O desejo é complicado, e louco, e aleatório, e já beijei alguns homens que eram muito, muito mais gatos que eu. Foda-se! Todo mundo sente tesão e tenta ser amado.

Não tenho muita certeza de como lidar com homens que classificam mulheres em uma escala de 1 a 10, a não ser tentando minha clássica manobra de fingir que sou Prue, de *Charmed*, e imaginar que estou apunhalando, de forma telecinética, esses caras com o mais afiado e fálico objeto da sala. Algumas mulheres escolhem se dar um 10, reivindicando para si o topo da escala, e não há nada que você possa fazer sobre o assunto. Embora com frequência eu me refira a mim mesma como gata (porque... sou gata), nos últimos tempos, quando me classifico em uma escala de 1 a 10, fico com o 1. Acho que há mais valor em dizer que não valho nada em seu sistema, mas vou destruí-lo mesmo assim. Apesar de eu considerar tudo isso muito engraçado/sexy/forte/poderoso, me chamar de 1 deixa outras pessoas muito tristes e constrangidas. Acredito que seja porque sabem que agora, com Trump presidente, terei meu direito de voto cassado por ser muito feia (quer dizer, vai acontecer em algum momento por eu ser mulher, de qualquer forma). A essa altura, a única razão pela qual ainda me permitem votar é porque estou tomando três medicamentos para acne que ESTÃO FUNCIONANDO!

Uma escala melhor para homens que estou a fim

Gato na minha opinião: +5

Vestido como um professor da Columbia: +2

De fato professor da Columbia: +4

Vestido como Jughead de *Riverdale*: +200

Vestido como Jughead de *Riverdale* versão Halloween, mas normalmente vestido como um professor da Columbia: +500

Nada interessado em vencer na vida sendo comediante: +7

Muito engraçado: +4

Muito alto para eu beijar com facilidade: +5

Gosta de trilhas: +5

Lançou um álbum chamado *Sweet Baby [Insira Aqui o Próprio Nome]*: +6

Motivado por ou interessado em qualquer coisa: +15

Tem várias fotos online de modo que posso mostrar às amigas que ele é realmente gato para mim: +5

Desenha bem: +4

Literalmente escuta as mulheres quando falam: +200

DPA

No ensino médio, foi martelado em nossas cabeças que Demonstrações Públicas de Afeto são nojentas e o flagelo moral da sociedade. Depois das violações ao código de vestimenta, é basicamente a primeira coisa que os professores procuram nos corredores, prontos e ávidos em punir, com certeza mais que o bullying ou, tipo, a superlotação causada pela falência do sistema educacional americano. Os professores sempre fazem sermões sobre DPA; até mesmo lições aparentemente desconexas sobre a lei da gravidade vêm com a ressalva de que "todas as coisas com massa gravitarem em direção às outras não é desculpa para DPA". Provavelmente haveria um programa como o PROERD para DPA se tivessem conseguido bolar um acrônimo bom, e é uma vergonha que não exista porque as camisetas comporiam um look retrô/irônico incrivelmente foda.

Não que o sexo-positivismo signifique que você deva deixar alunos do ensino médio fazerem loucuras nos intervalos; eles são menores e precisam ter aulas de estudos sociais para aprender sobre Thomas Paine. Mas é um pouco bizarro que os adultos percam tanto tempo pensando e falando sobre pré-adolescentes de mãos dadas e se beijando casualmente. Os professores acham mesmo que os alunos vão começar a fazer sexo pelos corredores se não forem constantemente lembrados de que é uma violação direta do código estudantil?

Eu não saberia dizer, porque quando estava na sétima série nenhum garoto tentava sequer pegar minha mão. Os avisos antiDPA incessantemente apregoados me lembravam de que: beijos são uma epidemia que está afetando todos, exceto você, uma nerd de quem ninguém quer chegar perto.

Até hoje sou meio antiDPA. Deve ter algo a ver com todos aqueles avisos, mas também com o fato de que é incrivelmente grosseiro ter relações sexuais no banco de trás de um táxi! Motoristas de táxi são seres humanos, o que há de errado com vocês?! Mas, devo dizer, é muito difícil dar um primeiro beijo em Nova York sem ser em um lugar público: do lado de fora de um bar, dentro de um bar, na plataforma do metrô. Achava que sua experiência no transporte público não pudesse piorar? Bem, agora vocês têm que testemunhar minha pegação na plataforma, babacas!

O problema só tende a piorar conforme a Terra fica mais e mais povoada, até que tenhamos apenas meio metro quadrado por pessoa. Então, baseado em muitos anos de experiência e vergonha, aqui vão alguns locais aceitáveis e não aceitáveis para Demonstrações Públicas de Afeto.

Locais aceitáveis e não aceitáveis para DPA

Aceitável: o lado de fora de um bar. Foi para isso que inventaram o lado de fora dos bares. Se não fosse isso, seria sair do bar direto para a rua.

Não aceitável: táxi ou carros compartilhados. OK. Eu SEI que TODO MUNDO ADORA UMA PEGAÇÃO NO BANCO DE TRÁS DO TÁXI. Não faço isso, mas não condeno, até porque quero parecer moderna e descolada. Só me sinto mal que você esteja submetendo uma pessoa aleatória a um momento íntimo. Você não pode pedir a seu motorista de Uber para, por favor, subir a divisória do Palio! Você não é a Beyoncé.

Aceitável: qualquer calçada. De novo, se não servisse para beijar, existiria apenas a rua.

Aceitável: a margem de um lago. Quer dizer, depende da lotação do lago, mas você está na natureza! Viva um pouco.

Não aceitável: o metrô. (a) A exemplo dos motoristas de táxi, estamos todos aqui e existimos também. Mesmo que você seja um adolescente! O mundo não gira ao redor do seu umbigo! (b) E existem tantos germes no metrô — lembra daquela vez que um médico com Ebola pegou a linha L até Williamsburg *para jogar boliche*? A sua língua precisa ficar dentro da sua própria boca por questões de saúde.

Aceitável: do lado de fora do metrô. Vocês estão se despedindo! Quem sabe quando vão se ver de novo?! Diferente de quando você finge não ver a outra pessoa parada na sua frente do outro lado dos trilhos.

Aceitável: fora da sua casa. É a SUA casa (a casa do locador). VOCÊ tem que limpar a calçada (o locador tem que limpar a calçada); pode muito bem beijar sobre ela.

Vão não vão

De algum modo, estou convencida de que a quase totalidade das minhas neuroses românticas se origina de assistir a comédias românticas. Vale a pena? Apenas o tempo e uma pesquisa em larga escala dos meus crushes dirá!

As obras de Nora Ephron, Richard Curtis, et al. foderam minha cabeça de muitos modos insidiosos, mas a pior Coisa Ruim que absorvi das comédias românticas é o conceito de Vão Não Vão.

Definitivamente faz sentido como conceito narrativo — os filmes não podem começar e terminar no mesmo instante. E funciona como enredo em longas que não são *sobre* romance: Jordana Brewster e Paul Walker têm um Vão Não Vão no primeiro *Velozes e furiosos*, se não me falha a memória (não estou totalmente segura, já que o primeiro filme foi lançado há pelo menos 47 anos). Nic Cage e Diane Kruger tiveram um em *A lenda do tesouro perdido* e *A lenda do tesouro perdido 2*. Teriam um em *A lenda do tesouro perdido 3* se a Netflix se desse conta do que é bom e me contratasse para escrever o roteiro! Momentos Vão Não Vão estão associados, principalmente, a séries com um elemento de romance. Sam e Diane em *Cheers*, Jim e Pam em *The Office*, Nick e Jess em *New Girl* (como disse certa vez minha amiga Hallie, não é necessário nenhum novo conteúdo sobre duas pessoas brancas e heterossexuais se apaixonando). Nada prende tanto o público por cinco longas temporadas como a possibilidade de que duas pessoas gatas decidam se beijar tecnicamente.

Nos filmes — em que há apenas noventa minutos narrativos para preencher em vez dos vinte e dois minutos ao longo de vinte e duas semanas por onze anos —, o Vão Não Vão é usado com parcimônia entre personagens. Existem, talvez, quatro pessoas no universo de um filme, e nosso protagonista está fadado a acabar com uma delas. Meg Ryan ficará com Joe ou Frank (*Mens@gem para você*) ou Joe ou Harry (*Harry e Sally — Feitos um para o outro*); não parece que tem outras opções.

Vão Não Vão nos ensina que se seu interesse romântico e você são incompatíveis — ou mesmo se ele já te rejeitou —, bem, esse é apenas o início da jornada em direção ao amor. Quer dizer que vocês soltam FAÍSCAS (muito importante) e que o conflito inicial só vai fazer aquele beijo no fim do filme muito mais icônico. (A metáfora dos amantes se beijando apenas uma vez no fim do filme, à la Joe Fox e Kathleen Kelly no Riverside Park em *Mens@gem para você*, me irrita. Eu beijo várias vezes antes de decidir se sequer gosto de alguém. A

Dra. Helen Fisher chama esse conceito de "amor lento".) Tudo isso manda a seguinte mensagem: amantes têm arcos emocionais longos antes de, enfim, encontrar o amor duradouro. Shakespeare disse que "Em tempo algum teve um tranquilo curso o verdadeiro amor", mas as comédias românticas falam o mesmo sobre o curso de conseguir beijar alguém sequer uma vez.

A crença equivocada de que todo crush é um possível Vão se desenrola de duas maneiras. A primeira, que eu associo sobretudo aos homens, é ser agressivamente persistente mesmo após ter recebido um não. Tenho amigas que disseram não a homens várias vezes, conseguindo apenas serem importunadas por eles de um modo que julgamos ser perseguição. Existem muitas razões para que um homem ache ok e normal fazer isso, e creio que a principal é que as histórias de *entretenimento* em nossa cultura deixam a entender que o "não" de uma mulher não quer dizer "com toda certeza do mundo, não estou interessada", mas sim "me convença". Na remota possibilidade de que um homem tenha conseguido ir além do título desta obra e da inata antipatia masculina por comprar livros e esteja lendo isto agora: *"não" significa literalmente "não".* Se uma mulher quiser sair com você, ela vai dizer "sim". Não estamos tentando arrastar a história por onze temporadas.

O outro comportamento influenciado pelo Vão Não Vão, que é mais respeitoso em relação ao crush, mas que me dei conta de que realmente diminui quem tem o crush, é passar a eternidade devaneando sobre essa pessoa na esperança de que em algum momento ela tenha uma epifania e se descubra apaixonada. Ou seja, um de meus maiores hobbies. Vou confessar que tive alguns fogos brandos dignos de comédia romântica. Teve um cara que, depois do nosso encontro de almas (ele subiu em uma enorme pilha de sujeira e deu um soco na cara do meu irmão), eu demorei dez anos para beijar. Mas, de modo geral, essas epifanias "EU AMO BLYTHE" jamais acontecem. E então sou "pega de surpresa" quando, depois de um ano de devaneios, o cara em questão, de repente, tem namorada.

Eu não deveria ficar surpresa! Na vida real, não existe um total de quatro personagens! Esses caras não estão escolhendo entre outra garota e eu. Estão escolhendo entre mim e todas as outras 3,8 milhões de mulheres no planeta Terra. Quando os conheci, meus crushes já conheciam milhões de garotas, algumas das quais provavelmente estavam crusheando. Cada momento de cada dia, eles estão conhecendo potenciais crushes. Se algum cara não está a fim de mim, não vai, do nada, decidir que está a fim de mim por falta de opção. E o inverso é verdadeiro — também estou conhecendo um monte de gente o tempo todo! Minha pessoa vai provavelmente ser algum figurante na versão imaginada de meu grande romance com o crush impossível. Ele poderia ser um dos caras ao fundo na cena da festa de Natal onde Bridget Jones conhece Mark Darcy. Tem um que parece bem fofo! Tenho quarenta por cento de certeza de que é David Tennant!

Vão Não Vão é fake news. Se você gosta de uma pessoa, convide logo ela para sair. Acredite na resposta dela. Tente não devanear. Você não é responsável por segurar um seriado de oito temporadas. Na verdade, viva cada dia como se fosse a última temporada de sua série. Ponha um ponto final nesses malditos enredos!

As melhores comédias românticas de todos os tempos e como elas me arruinaram

Harry e Sally — Feitos um para o outro: Billy Crystal NÃO É ENGRAÇADO! O ritmo das piadas não é piada! Às vezes vozes idiotas são piadas, mas quando Crystal as faz, não são piadas. E também: não que isso tenha me arruinado, mas estou convencida de que Billy Crystal não tem papel nesse filme.

Feitiço da lua: Nunca vou amar um homem real como amo Nic Cage ameaçando se matar na frente da Cher com uma Enorme Faca.

Muito barulho por nada: Só recentemente me dei conta de que provocações maldosas e engraçadas NÃO são o mesmo que flertar.

Simplesmente amor: É tão hiperbólico salientar como o enredo Keira Knightley/cara do *The Walking Dead* é muito stalker quanto é hiperbólico destacar que "Baby It's Cold Outside" está muito ligado ao estupro. Então vou confessar que uma vez saí com um cara que adorava *Simplesmente amor*, e eu disse "Aff, esse filme é tão problemático". Ele perguntou "Como assim?", e eu respondi "... Eu esqueço".

Uma linda mulher: Na vida real, Richard Gere tem 68 anos. A mulher tem TRINTA E CINCO. Isso é tão DOENTIO!!! Queria poder sublinhar duas vezes!!!!

O diário de Bridget Jones: É um absurdo que Bridget tenha, mesmo que por um segundo, hesitado sobre usar a calçola de vó. Calcinhas de vó são uma das minhas maiores alegrias na vida e jamais sentirei vergonha disso outra vez.

As patricinhas de Beverly Hills: Depois de enfim assistir ao filme em 2013, gastei 99 centavos na Apple Store para que meu celular tocasse "Eca, imagine!" sempre que recebia uma mensagem. Eu me recusei a colocá-lo no silencioso e perdi um monte de amigos.

La La Land: Vários artigos inteligentes sobre como esse filme é uma propaganda para a supremacia branca foram escritos, então me limito a dizer que Damien Chazelle é o molde exato de um jovem branco de Harvard que é um gatilho para mim.

Ruby Sparks — A namorada perfeita: Certa vez, um cara me mandou uma mensagem dizendo "Às vezes não sei se você é real ou se eu te criei, no estilo *Ruby Sparks*", e na época achei bem fofo.

Bonequinha de luxo: Sempre tento sentar em uma escada de incêndio cantando "Moon River" de um modo que penso ser charmoso, mas é aterrorizante para todos que escutam (principalmente meus colegas de apartamento e o cara que vai na varanda embaixo da minha janela para falar muito alto ao telefone).

Notting Hill: Sempre tento invadir propriedade privada.

Antes do amanhecer: Normalizou caras jovens com cabelo muito, muito oleoso.

Como perder um homem em 10 dias: Me encorajou a transformar minha vida amorosa em Conteúdo.

Sendo má

Nos filmes de Nora Ephron, antes de se apaixonar na última cena, os protagonistas passam noventa minutos sendo maus um com o outro. Como maus? Bem, Tom Hanks, em *Mens@gem para você*, refere-se a si mesmo como "Sr. Imundo". Billy Crystal, em *Harry e Sally — Feitos um para o outro*, insulta a opção de carreira de Meg Ryan e cospe sementes de uva na janela de seu carro. Tipo: deixe Meg Ryan em paz!

Duas pessoas gatas em um filme sendo más uma com a outra é, supostamente, "flertar". Isso mostra que elas são capazes de se provocar! De causar faíscas emocionais uma na outra! Colocam suas vidas psíquicas de ponta-cabeça e ISSO É O QUE É O AMOR, de acordo com o cinema que deixamos nortear nossa vida! Meg Ryan no papel de Kathleen Kelly diz que os livros que você lê quando criança se tornam parte integral de sua identidade, e como assisti a *Mens@gem para você,* por alto, umas oitocentas milhões de vezes quando criança, o filme faz parte da minha identidade. Isso é um problema porque Nora Ephron estava enganada: ser mau NÃO é flertar. Ser mau é só ser um babaca.

Demorei minha juventude inteira para aprender isso. Nas comédias românticas, faz sentido personagens se digladiarem antes de ficarem juntos — como escrevi em "Vão Não Vão", isso alonga a narrativa. E, na vida real, ser má pode ser divertido; há certa adrenalina em se dar conta de que você é capaz de bolar uma resposta maldosa certeira. (Para ser clara, flerte maldoso é diferente de insultos e de elogios falsos, uma tática sociopata de pick-up artists (PUA, ou artistas da sedução) em que um homem fala coisas escrotas para uma mulher com a intenção de minar sua autoestima o bastante para que ela considere transar com esses caras horríveis e patológicos. Ser mau em um flerte é uma via de mão dupla e envolve "bons mots".)

Aderi ao flerte maldoso por muitos anos. Eu me tornei Má. Meus amigos me chamavam de Blythe, a Má. Mas, depois de um tempo, pensei sobre o assunto e percebi que de todas as vezes que passei um tempo legal com um homem por um período substancioso, nenhum deles foi mau comigo, nem mesmo em tom de flerte. Ao contrário de um filme de noventa minutos, um relacionamento de verdade não é uma bola antiestresse de longa duração. Deve ser algo alegre! Ser verdadeiramente gentil com garotos fofos tem sido emocionante para mim. Em vez de manter, ansiosamente, um difícil equilíbrio de modulação entre grosseria e fofura, um cara e eu simplesmente assistimos à *Incrível aventura de Rick Baker.* É bem mais relaxante e tem o cara de *Jurassic Park!*

Ser má não me faz mais atraente, e (levei mais tempo para perceber) homens jamais são atraentes PORQUE são maus. Morrissey, por exemplo. Morrissey é fisicamente gato, é um gênio criativo, mas é um terror. O fato de que ele tem várias questões internas que está projetando em outras pessoas não ACRESCENTA a sua gatice. Coexiste com ela, mas, indiscutivelmente, a diminui. Morrissey precisa fumar um e relaxar e então me ligar!

Às vezes estou no telefone com minha mãe, contando a ela os detalhes banais de minha vida — estava editando um show até três da manhã, e um dos produtores ficou puto e gritou comigo sem razão —, e, do nada, ela solta "Não se case com um cara assim, Blythe". Em geral, respondo POR QUE ESTÁ ME FALANDO ISSO e ESSE CARA É SÓ UM AMIGO e ARGH, MÃE, QUE CONSTRANGEDOR e ULTIMAMENTE VOCÊ TEM APENAS ME LEMBRADO DE QUE ESTOU DIRIGINDO SOZINHA PELA VIDA COM APENAS A TRISTEZA COMO COPILOTO, mas minha mãe tem um ótimo argumento. As pessoas não deixam de ser más imediatamente só porque você para de achar a maldade revigorante. Elas continuam perversas, e aí vocês estão casados. Isso põe você para baixo, como um rio caudaloso que acaba de bolar um comentário engraçado mas agudamente doloroso sobre algo idiota que a margem acaba de fazer.

Aprendi a lição. Embora ainda seja incapaz de me sentir atraída por alguém desprovido de sotaque britânico, sou capaz de me sentir atraída por alguém que simplesmente é gentil comigo. E soube que havia internalizado isso quando, ao assistir a *O Despertar da Força*, vi Kylo Ren e pensei "Não se case com um homem assim, Blythe".

Oi, é o sr. Imundo: prova definitiva de que o personagem de Tom Hanks é o vilão de *Mens@gem para você*

Mens@gem para você é uma história romântica sobre um homem de negócios charmoso e engraçado que se apaixona por uma dona de livraria, apesar de, inicialmente, terem se detestado — ou é o que a Warner Bros. quer que você pense! (E para sua informação... Mens@gem para você é um dos meus filmes prediletos!! Não odeie o mensageiro [Mens@gem para você], odeie a mensagem [patriarcado capitalista da supremacia branca].)

1. **Tom Hanks (Joe Fox) escreve um e-mail engraçadinho reclamando de pessoas que pedem drinques de café complicados**

   ... mas o exemplo que ele dá é CAPPUCCINO DESCAFEINADO GRANDE. Esse é um pedido padrão e pouco exigente; a única particularidade é ser descafeinado e, no quesito particularidades, essa é bem boba. "Com certeza ele odeia cappuccinos", você diz, equivocadamente. MAIS CEDO NO FILME, ele e David Chapelle, um subordinado/amigo-pago, trocam uma ideia sobre como "Vamos seduzi-los [clientes da Livraria Fox] com nossos amplos ambientes, nossos descontos, nossas poltronas aconchegantes e..." *EM UNÍSSONO* "Nosso cappuccino!".

2. **Tom Hanks pega todo o caviar de algum prato (??) em uma festa.**

Aquele caviar era a GUARNIÇÃO! Tom Hanks acredita ter direito ao mundo inteiro. É um verdadeiro idiota! Enquanto isso, Meg Ryan, embora sem dúvida seja emocionalmente infiel a seu parceiro, é uma fonte de pura alegria no geral. Algo a se considerar: vinte anos depois de *Mens@gem para você*, Tom Hanks é universalmente amado e considerado o "Pai da América", enquanto Meg Ryan mal trabalha e é esculachada em revistas por conta de suas cirurgias plásticas. Na boa, não é como se ela tivesse inventado o patriarcado! Só uma ideia.

3. **Parker Posey é a suposta vilã do filme?**

Quando criança, eu acreditava que Parker Posey era a vilã do filme (muito embora ela seja uma das DUAS pessoas no caminho do nosso OTP...). Entretanto, nos últimos anos, descobri que a Parker Posey de *Mens@gem para você* é apenas uma versão mais bem-sucedida de mim mesma. Ela é brilhante, vigorosa, enérgica e generosa. Quando perguntada sobre como dorme à noite, ela oferece uma combinação de remédios arduamente conquistada. De improviso, ela oferece a Frank um elogio sincero sobre seu trabalho. Enquanto isso, Tom Hanks não presta qualquer atenção ao trabalho de ninguém e é um cretino cis-hétero.

3a. **Motivos pelos quais Tom Hanks se irrita com Parker Posey nesse filme:**

- ◆ Ela compartilha detalhes do trabalho e da vida dela.
- ◆ Ela lembra a ele do jantar a que ele concordou em ir como seu acompanhante.
  - ◇ Ele diz: "Não posso só fazer uma doação?" (Capitalista: ruim)
  - ◇ Ele diz: "Qual o tema de hoje? Libertem os escritores albaneses?" (Indiferente ao genocídio, talvez racista: ruim)
- ◆ Ela conversa sobre Julius e Ethel Rosenberg.
- ◆ Ela decide oferecer um emprego a Meg Ryan.
- ◆ Ela diz que se um dia sair do elevador em que está presa, fará uma cirurgia oftalmológica com laser.
- ◆ Ela pergunta sobre a localização de seus Tic Tacs.

3b. **Se Tom Hanks odiava mesmo Parker Posey:**

- ◆ Ele devia ter terminado com ela.
- ◆ Em vez de enrolá-la até conseguir coisa melhor.

4. **Tom Hanks fala de modo condescendente com a atendente latina da Zabar's.**

Tom Hanks: Oi.

TH: Rose.

TH: É um lindo nome, Rose.

[aponta para a máquina de cartão de crédito]

TH: Isso é uma máquina de cartão de crédito.

TH: Feliz Dia de Ação de Graças.

TH: Agora você diz "Feliz Dia de Ação de Graças" para mim.

[faz a infame piada do Toc Toc]

5. Tom Hanks adora O poderoso chefão

Eu deixaria para lá se não fosse pelo fato de que Tom Hanks (UM HERDEIRO DOS LIVROS) aparentemente desconhece *Orgulho & preconceito*. Isso porque Tom Hanks jamais leu sequer um livro de uma mulher ou de uma pessoa não branca. Além disso, Tom Hanks acredita que todos os livros escritos por mulheres devem ter capas cor-de-rosa e títulos em letra cursiva.

6. Tom Hanks esconde a própria identidade de Meg Ryan por todo o terceiro ato.

Tom Hanks sabe que Meg Ryan é seu crush digital, mas ela não sabe que ele é o dela, então ele a manipula por uns bons dois meses. Somos levados a acreditar que isso é algo romântico, mas, na verdade, é escroto. Além disso, no fim, Tom Hanks leva seu cachorro quando "encontra" Meg Ryan pela primeira vez. Essa é uma opinião polêmica, mas pessoalmente não quero um cachorro pulando em mim enquanto beijo um cara e, SIM, FALO por experiência própria.

7. Tom Hanks é um homem branco privilegiado.

Embora ele provavelmente pense que "trabalhou duro" por sua riqueza, Tom Hanks, em *Mens@gem para você,* faz parte PELO MENOS da terceira geração de ricos. Ele é um capitalista sem culpa, que ri quando pequenos negócios vão à falência. Em minha opinião, o personagem ganharia uma posição de destaque na administração Trump ou, no MELHOR dos cenários, teria muito a dizer sobre campanhas de direitos humanos ao escrever suas memórias.

Amizades românticas

Certa vez, Lauren Graham se referiu a Matthew Perry como um "Amigo Que Quase Namorei Mas Não Rolou". Sinto em meu coração que ela está descrevendo uma amizade romântica. É uma amizade que você sabe, *sabe*, SABE que tem um elemento romântico, mas que, de algum modo, nunca evolui para um namoro. Vocês são apenas amigos, mas é tudo muito intenso para ser inteiramente platônico. O aspecto determinante de amizades românticas talvez seja ESSA MERDA É TENSA. Tive muitas amizades românticas, incluindo uma sobre a qual basicamente todo o capítulo sobre término neste livro diz respeito. E NEM NAMORAMOS. Nós nos beijamos uma vez! Acho que esse é o motivo de Deus ter inventado a terapia.

Amizades românticas são diferentes de colocar alguém na "friend zone", uma coisa inventada por homens que pensam que todas as mulheres devem sexo a eles. É uma amizade na qual vocês poderiam, em teoria, namorar (tipo, vocês sentem atração pelo gênero do outro) e *performam* um namoro sem realmente namorar. Em geral, deixa uma ou as duas partes se sentindo péssima e/ou culpada. Cada segundo é estressante. Mindy Kaling e B.J. Novak têm esse tipo de relação, acho. Ela a descreve como "bizarra pra cacete". Eu a descrevo como "um puta gatilho para mim".

Alguns elementos constitutivos de amizades românticas: sair juntos o tempo todo, principalmente à noite. Olho minha agenda da época das minhas amizades românticas e é sempre o mesmo cara, das dez da noite até as duas da manhã, quatro noites seguidas por semana. E, de novo, SÓ NOS BEIJAMOS UMA VEZ, depois de um ano assim. Outro elemento: ficar abraçadinho. Talvez até dormir na mesma cama, algo que Lena Dunham chama de "compartilhar a cama platonicamente" e corretamente identifica como uma péssima ideia. Meu amigo romântico e eu fizemos isso, e hoje em dia me mata saber que ele é o único homem ao lado de quem consegui pegar no sono. Fato que me faz sentir como se talvez jamais fosse ser feliz de novo! Talvez eu só esteja sendo dramática porque estou exausta, mas é verdade!

Amizades românticas não são uma nova idiotice inventada por millennials que, de algum modo, precisam refazer seus passos até o fracasso da política econômica de Reagan. Elas existem por, no mínimo, uns cem anos. Veja o exemplo de Ginevra de' Benci, modelo de uma das, sério, quatorze pinturas que Leonardo da Vinci conseguiu terminar em toda a sua vida (HOMENS FALHAM SEM VEXAME). A pintura foi encomendada por um homem chamado Bernardo Bembo, embaixador de Veneza em Florença — um homem que era *notoriamente* apenas amigo de Ginevra. De acordo com um dos biógrafos de da Vinci, Walter Isaacson, Bembo já tinha uma esposa e uma amante, mas "desenvolveu uma amizade orgulhosamente platônica com Ginevra, e compensava com efusiva adoração o que provavelmente faltava em sexo". Aparentemente, esse tipo de amizade romântica era considerado poético naquela época, no sentido de que pessoas ESCREVIAM POEMAS SOBRE O ASSUNTO. Todo mundo na Renascença era um lunático e adorava um drama. Se eu tivesse vivido na ocasião, ou teria tido um ataque cardíaco nos primeiros quarenta cinco minutos, ou mandado em toda a Florença com minha horda de falsos namorados.

A versão millennial de amizades românticas apresenta uma camada extra, que é: muitos millennials do sexo masculino tratam mal as mulheres com quem transam e tratam suas amigas bem melhor. O quão mal meu melhor amigo romântico tratava as mulheres? Bem, o termo *softboy* foi literalmente cunhado para ele. O cara me mostrava nudes que outras mulheres haviam enviado para ele e lia as mensagens picantes que recebia sem o consentimento delas ou o meu. Uma vez ele disse a uma mulher que queria namorar com ela oficialmente e então, dias depois, transou com outra pessoa. E, ainda assim, em meio a tudo isso, eu estava tão a fim dele!

Enfim, ele confessou que não podia transar comigo porque gostava muito de mim, o que entendi como uma mentira de merda. Tudo em que conseguia pensar era no fato de que ele transava com todas as mulheres do Brooklyn, mas me achava muito nojenta, talvez? Mas talvez tivesse alguma verdade no que alegava, pelo menos para ele. Talvez a cultura de pegação tenha nos ensinado a sermos frios e insensíveis sobre sexo sem compromisso de um jeito que é difícil de replicar com pessoas que respeitamos. Talvez para trepar com um amigo você precise ter certeza de que quer se casar com essa pessoa! Porque para entrar em um relacionamento com alguém, é preciso estar ok com a ideia de, quem sabe, se comportar como um total babaca.

Suponho que é possível ter uma amizade romântica em que nenhuma das partes se sinta mal, ou as duas se sintam péssimas, mas, em minha experiência, foi apenas um de nós, e sempre eu. Estive clara — e talvez tragicamente — a fim do sujeito, e o sujeito alimentou e encorajou o sentimento. Talvez em nível subconsciente? Mas meio que duvido? Também por experiência própria, meus amigos verdadeiros e não românticos (tanto homens quanto mulheres) me disseram "Esse cara não presta", e eu respondi "Não, somos apenas amigos". (Embora, e isso é verdade, meus amigos tenham dito "Esse cara não presta" sobre TODO CARA POR QUEM ESTIVE INTERESSADA, sem exceção. Então, talvez, seja um problema meu.)

Você não pode apenas esperar que esses caras tenham uma epifania ou que nossos sentimentos sumam de forma espontânea. É cientificamente impossível que sentimentos se extinguam quando vocês estão abraçados e assistindo a Brainy Horror Movies quatro noites por semana. As únicas saídas de amizades românticas que encontrei são (1) explicar com clareza como se sente — uma sugestão banal a essa altura, eu sei — ou (2) se mudar para o outro lado do país. A segunda opção é muito menos assustadora, mas funciona apenas algumas vezes, até você arrumar namorados falsos em cada porto. É quase certo que a opção 1 leve à rejeição, porque se seu amigo romântico realmente a quisesse, já teria tomado uma providência, sabendo claramente que você sente algo. Mas confessar seus sentimentos a seu amigo quebra o feitiço. Você descobre definitivamente como ele se sente e pode seguir com sua vida, com ou sem ele. Esses homens provavelmente não estão se alimentando da atenção que você dá, e é possível ser direta sobre seus sentimentos, ser rejeitada, sofrer um pouco de constrangimento, então voltarem a ser amigos. Passei por isso; foi superestranho por um tempo, e agora vou me hospedar na casa dele quando for assistir ao show de Paul Simon em junho, o que, honestamente, é melhor que um namoro.

Blá-blá-blá "minha namorada"

Em geral, não me dou conta de que algo não é um encontro até o fim da noite, quando o cara manda um (a) "Ok, para que lado fica seu metrô?", então me abraça e me empurra na direção certa; diz (b) "Ok, bem, meu ponto de ônibus é ali", então me abraça e me empurra na direção oposta; ou, em casos muito raros e confusos, (c) me acompanha até minha porta, ignora minha tentativa de beijá-lo, me abraça e foge. Às vezes tento salvar a situação, mas ganho apenas um segundo abraço, mais longo e esquisito. Certa vez, depois disso, um cara me seguiu no Instagram. Ainda assim, não contou como um encontro.

Quando é assim que percebo que o que julguei ser um encontro na verdade não era, é obviamente um saco, mas posso me sentir constrangida na santa paz. Depois de dez mil horas de prática, desenvolvi um ritual Não Era Encontro, em que não lavo o rosto porque *quem se importaaaaa* e largo a bolsa e todas as roupas no chão e apenas me jogo na cama. Tem a ver, em parte, com deixar meus peitos à mostra de um jeito "Diga adeus a ELES", à la Kitty em *Caindo na real*, e em parte porque sou muito preguiçosa para vestir o pijama. Acordo pela manhã revigorada e ansiosa por quaisquer encontros que o novo dia trará.

O PIOR CENÁRIO é constatar que não se trata de um encontro quando, depois de uma hora *muito agradável* de drinques, pergunto a um cara sobre seu histórico romântico e ele me conta a história completa até o presente E SUA ATUAL NAMORADA. É como aquele episódio de *Sex and the City* em que Carrie e Berger saem em um ótimo-encontro-que-não-é-explicitamente--um-encontro, e quando ela o convida para o lançamento de seu livro, ele diz que não pode ir, pois os pais da namorada vão passar o dia com eles. No segundo que eles dizem "namorada", você se sente superconstrangida e ingênua e estúpida, mas também precisa se concentrar em não deixar transparecer que sequer pensou que aquilo pudesse ser outra coisa que não um drinque entre amigos. Então você fica, tipo, "Como é a cara de um ser humano? Estou me lembrando de sorrir com os olhos? É possível fingir isso? E se ele sabe ler microexpressões?"

Mas você NÃO DEVERIA se sentir uma imbecil. Não é sua culpa. É responsabilidade da pessoa comprometida esclarecer, com antecedência, qualquer ambiguidade sobre a saída. Afinal: não é só porque alguém tem um compromisso que é incapaz de estar a fim de você. E não é porque um cara é um belo macho beta que está isento de ser um escroto.

("Mas e se ele não for monogâmico?". Ele ainda devia ter mencionado a namorada não monogâmica antes do encontro! Se você quer poliamor, maravilha, e se não quer: também é lícito!)

Em retrospecto, sou incrivelmente grata por ter vivenciado a seguinte experiência humilhante, ou talvez tivesse passado a vida toda acreditando que era *eu* a idiota quando homens que Flertavam Ostensivamente Comigo mencionavam tarde demais que tinham uma namorada:

Fui a uma festa onde conhecia apenas o anfitrião. A única outra pessoa mais conhecida era alguém com quem eu tinha trocado, no máximo, quatro frases vários anos antes, então acabei em um canto da cozinha, conversando com ele. Não tinha grandes esperanças quanto ao papo, porque três das quatro frases que havíamos trocado anteriormente foram elogios meus a ele e a quarta foi ele agradecendo com um "ok" e partindo. Mas acabei conversando com o sujeito durante toda a festa, por pelo menos duas horas seguidas. (Em geral, quando conto essa história, digo que foram três para efeito dramático.) Foi, definitivamente, TEMPO SUFICIENTE para que até eu, uma mulher incapaz de transmitir e interpretar sinais, pensasse que o cara estava na minha.

Mas então, a certa altura da conversa, acho que depois de fazer um gif com uma selfie nossa, mas antes de pedir meu telefone, ele mencionou que tinha uma namorada que vivia do outro lado do país. Na época, estavam dando um tempo, ou tinham acabado de voltar de um. Não tenho certeza dos detalhes porque, assim que ouvi a palavra "namorada", apertei o botão ejetor daquele voo em particular e caí de paraquedas em um campo de "Como saio desta conversa e desta festa?". Amo mulheres, um gênero que não me oprime, e não estou tentando causar problemas a qualquer mulher anônima, por isso deixei mesmo a festa e segui com minha vida, e mesmo depois de o cara me mandar aquele gif no dia seguinte, cheguei à conclusão de que ele tinha uma namorada e de que estava imaginando que ele estava a fim de mim.

MAS! ENTÃO! Meses depois! Durante meu período de três horas no Bumble, um app de relacionamento, recebi uma mensagem desse cara com uma captura de tela dizendo que tínhamos dado match e o comentário "O que nós fizemos?". O relacionamento tinha acabado, e ele e eu nos pegamos algumas vezes antes de ele me deixar no metrô, me beijar mais uma vez e, finalmente, me largar de novo via mensagem. Mas valeu a pena para provar que ele ESTAVA a fim de mim naquela festa! NÃO ERA MINHA IMAGINAÇÃO! (E também valeu a pena porque ele é um cara gentil, inteligente, interessante e agora somos amigos blá blá blá blá blá.)

Então, enfim: às vezes você conhece pessoas que parecem a fim de você e quando não se está presa perto do porta-temperos, conversando com elas pelo período de três a sete horas ininterruptas, talvez você não descubra que essas pessoas têm namorada. É justo, acontece. E aí às vezes você convida uma dessas pessoas para um drinque pela DM do Instagram. Também é justo! Sério, que bom que você está se mostrando disponível.

Sei que escrevi em um capítulo anterior que não acredito ser possível chegar a uma definição conclusiva do que é um encontro — mas independentemente do que você, em especial, quer dizer quando sugere "Vamos tomar um drinque", acho que deveria ter o mesmo significado que falar "Vamos num encontro". Por favor, somos adultos, vamos simplificar uma coisa nessa vida deplorável!! Vamos concordar que "Vamos tomar um drinque" é o mesmo que convidar alguém para um programa romântico! Você está chamando alguém para beber álcool com você. Isso nem configura uma atividade. É tipo dizer "Vamos matar tempo por algumas horas e depois nos beijar". Veja, sei que às vezes adultos atraentes bebem para fazer networking. Ao Congresso: se não podemos criminalizar o networking com homens, vamos ao menos passar uma lei restringindo a atividade a bebidas cafeinadas em estabelecimentos que fechem às nove da noite.

Claro, tem como esse cara, por conta de muita ignorância obstinada, INTERPRETAR "tomar um drinque" como sua tentativa de construir uma amizade, mas, depois de certa idade, a maioria das pessoas que conheço, inclusive eu, não está realmente no mercado para novos amigos. Já capturamos o suficiente em nossas Pokebolas depois de mais de dezesseis anos de formação, de múltiplos empregos e de turmas de improvisação em três teatros distintos em Chicago e dois em Nova York. Estamos tão velhos que acumulamos mais responsabilidade no trabalho, vamos a casamentos todo fim de semana e, finalmente, aceitamos o fato de que é NORMAL precisar de dez horas de sono, NO MÍNIMO. Ficamos estressados com o quão pouco vemos os amigos que já temos e amamos. Stephen Thomas, escrevendo para o *Hazlitt*, cita um estudo de pesquisadores britânicos que diz que "Em média, tanto homens quanto mulheres começam a perder amigos aos 25 anos e continuam a perdê-los em ritmo constante pelo resto da vida". É terrível, sem dúvida. Mas é por isso que nossos pais não têm amigos. "Não é verdade", você pode dizer. "Minha mãe tem duas amigas." EXATAMENTE.

Então, apesar de conhecer novas pessoas e algumas delas se tornarem minhas amigas, não estou tentando fazer novas amizades, especialmente com homens. Amigas mulheres entendem toda a merda patriarcal que preciso aturar. Elas aceitam conversar comigo sobre *Riverdale* mais prontamente. E já tenho muitos amigos homens, fruto de muitos encontros ambíguos que me induziram a investir emocionalmente em suas vidas.

No momento, o único amigo homem que procuro, de fato, é um que eu possa amar romanticamente. Se já tem alguém para amar, gostaria que me poupasse o tempo e o constrangimento de me chamar para um não encontro com você.

Sinceramente, entendo que ninguém queira ser o babaca que diz [leva o megafone aos lábios] "TENHO UMA NAMORADA" enquanto a barista responde, tipo, "Estava só perguntando seu nome para escrever no pedido de cappuccino descafeinado longo". Mas é melhor deixar sua situação clara, de forma casual e pseudo-orgânica, antes do encontro do que a mencionar após uma hora de flerte e, mesmo assim, somente quando perguntado sem preâmbulos. A última opção só faz eu me sentir, ao mesmo tempo, idiota e colocada de lado até você e sua namorada terminarem. O que com certeza não deixaria sua namorada muito contente.

Entenda: ALGUÉM precisa deixar claro que você tem namorada, e como eu não sei disso, precisa ser você. Pode não ser divertido, mas você já conta com fantasias combinando de Halloween e suporte emocional e todas as outras vantagens de se ter um relacionamento. Essa é a troca.

Esquerdomachos profissionalmente inseguros

Há certos tipos de homem que você espera que oprimam você. Entre eles, republicanos, investidores de risco e homens da Carolina do Sul, cujo amigo Gunnar passou maus bocados no Fyre Festival. Se escolher sair com esses caras e perceber que eles fazem comentários estranhos sobre você e sua maquiagem, ou que desprezam o novo álbum do Harry Styles apenas porque Harry Styles começou em uma *boy band*, ou que, sei lá, votaram no Trump... bem, não é como se não tivesse uma mulher gata no início dessa corrida balançando uma bandeira vermelha enorme! (Outra bandeira vermelha: homens que curtem mulheres gatas, no início de corridas, balançando bandeiras vermelhas enormes.)

Sou muito atenta quanto a excluir esses tipos de homem da minha vida. Uma estratégia para fazer isso é revirar os olhos. Os caras odeiam demais isso e estão constantemente me pedindo para parar. É como aquela citação de Margaret Atwood que diz que os homens têm medo de que as mulheres riam deles, enquanto as mulheres têm medo de que os homens as matem: os caras odeiam quando reviro os olhos, e eu odeio quando eles roubam meu poder estrutural e meus direitos reprodutivos.

E AINDA ASSIM.

Até mesmo os homens "bons" com quem saio, homens que jamais me disseram que Bernie teria vencido se fosse o candidato democrata, me falam o tempo todo que nunca se relacionariam com uma mulher mais bem-sucedida profissionalmente que eles.

Por muito tempo, pensei que, em geral, esses caras "de esquerda" fossem só peculiarmente inseguros. Tipo, ah, aquele é Jon, ele acredita que o desodorante X vai matar você e não pode se relacionar com uma mulher mais bem-sucedida que ele. Ou, ah, Floyd, a parada dele é ainda andar de *hoverboard*, embora agora seja proibido, e também o fato de ele ficar aterrorizado com a ideia de se relacionar com uma mulher que tenha um bom emprego. Também me pergunto se Jon e Floyd estavam ok com a ideia de uma mulher motivada até travarem contato pessoal comigo, uma bruxa ambiciosa de quinhentos anos que mantém a aparência de uma gostosona de 27 e se alimenta dos fracassos masculinos, transformando-os em artigos da *New Yorker*.

Então, da noite de 8 de novembro para a manhã do dia 9, em 2016, acompanhei o fim do mundo em câmera lenta ao se tornar cada vez mais claro que Donald Trump seria presidente. Nas semanas seguintes, pensei um bocado. A maioria dos americanos torcia por mim, uma mulher? (O colégio eleitoral não.) Será que eu devia parar de tentar a vida como comediante e arrumar um diploma de Direito para ajudar de verdade as pessoas, ou devia só conhecer um idiota bonitão na Faculdade de Direito de Yale que poderia me convencer a me mudar para o Arkansas, arruinando tudo? Percebi que precisava me colocar mais, garantindo que usava minha posição privilegiada para convencer outras mulheres brancas a não serem idiotas racistas. Eu me dei conta de que tinha que começar a engolir prontuários de DIU antes que o Obamacare fosse revogado. E também percebi — sem rodeios — que os homens que falam que não podem se relacionar com mulheres mais bem-sucedidas não estão sendo peculiarmente inseguros, mas sim abertamente sexistas. Esquerdomachos Profissionalmente Inseguros estão fiscalizando a ambição feminina.

Já existem muitos obstáculos para o sucesso de mulheres no ambiente de trabalho — a diferença salarial; o velho clube do Bolinha, que dá aos homens mais conexões do que as mulheres têm acesso; as pessoas que, por alguma razão, acreditam que preciso escovar o cabelo algumas vezes por mês para parecer "profissional": a lista continua. Mas mesmo se uma mulher avança profissionalmente, contra tudo e todos, ela acaba sendo punida no fim, pois perde o acesso àquele "doce sonho" (amor romântico).

Quando é apenas um colega de trabalho, Floyd, dizendo que não pode se envolver com uma mulher mais bem-sucedida profissionalmente, é fácil refutar com, tipo, "HAHA, ok, Floyd, acho que posso sobreviver sem seu sonho e seu *hoverboard* e suas noções de gramática". Mas quando toda a sociedade — INCLUSIVE os democratas/socialistas/anarquistas que você tinha esperança de contar no time das mulheres — apenas "sente" que não pode se prender romanticamente a mulheres que estão estabelecendo e alcançando metas de curto e longo prazo, então mulheres bem-sucedidas estão perdendo uma fatia socialmente significativa do sonho!

Há um nível de sucesso profissional no qual, em geral, você não tem outra opção senão namorar um cara menos bem-sucedido que você. Como Nicki Minaj e Meek Mill. Ou Joni Mitchell e Graham Nash. Ou Elizabeth Warren e quem quer que Elizabeth Warren esteja pegando (espero que... Bradley Whitford). A certa altura, o único sonho que resta às mulheres são os ~superengajados~ Matt McGorrys do mundo. E ter de namorar Matt McGorry é o mais cruel dos castigos.

O que homens, como indivíduos, estão pensando ao revelar que não podem se relacionar com mulheres mais bem-sucedidas? Quer dizer, acredito piamente que estão dizendo isso porque é o modo como nossa sociedade patriarcal os condicionou a fiscalizar mulheres ambiciosas, mas não creio que ELES pensem assim, de maneira alguma.

Talvez esses Esquerdomachos Profissionalmente Inseguros queiram apenas se sentir másculos — não como Clint Eastwood, mas como aqueles caras barbados com jeito de lenhador e que vivem em chalés. Talvez não queiram se sentir julgados. Talvez acreditem que só pode haver uma estrela em cada relacionamento, que alguém precisa ser Nabokov, e alguém, Véra (ou alguém Virginia Woolf, e o outro, Leonard).

A ideia de que existe espaço para apenas um gênio em cada casal é baseada, sobretudo, em ciúme e insegurança, acho. Sem dúvida seria bacana ter um parceiro completamente dedicado a ajudar você a se tornar sua melhor versão. Tão legal quanto isso seria ter um parceiro cuja paixão e dedicação à própria arte inspirasse você e cujo sucesso catapultasse ambos até o escalão seguinte dentro de qualquer que seja seu campo de atuação —

uma versão romântica da "teoria do brilho" de Aminatou Sow e Ann Friedman. Ok, talvez duas ambições em um relacionamento (ao contrário de uma compartilhada pelas duas pessoas) vá aumentar o nível de agitação e de ansiedade e de estresse, mas, na minha opinião, todas as pessoas verdadeiramente bem-sucedidas têm vivido em um constante nível de estresse desde os 16 anos. Elas encontram a felicidade não na ausência do estresse, mas ao descobrir um modo de normalizar sua presença e também saindo dos centros urbanos.

Eu apostaria que homens que não querem se sentir julgados pelas parceiras sabem, bem no fundo, que: ou eles não sabem o que querem da vida, ou, na verdade, SABEM o que querem e é... nada, para ser sincera. (E se sentem mal por isso. Existem homens que sabem que não querem fazer nada da vida e estão BEM assim, muito tranquilos namorando mulheres bem-sucedidas. Recentemente, um desses caras me disse, como um flerte, "Eu adoraria não fazer nada o dia todo, apenas cozinhar e trepar".) Esses homens inseguros acreditam que ter parceiras bem-sucedidas deixaria a falta de direção ou de ambição deles ainda mais evidente. Talvez, tendo sido formados pelos seriados de Kevin James, acreditem que esposas bem-sucedidas encheriam o saco deles com isso. Para esses homens, eu diria: tomem vergonha na cara; e para os homens que querem parecer másculos, diria: examinem as origens e consequências desses impulsos e, enquanto isso, aproveitem para cortar lenha, ou algo assim, e me deixem trabalhar.

Enfim, por mais que os homens aleguem que adoram argumentos lógicos e bem fundamentados, sei que nenhum argumento lógico jamais vai mudar o jeito como o homem escolhe uma mulher. Como tal mudança acontece? ACHO que seria a partir de (a) representações na cultura pop ou (b) de um primo com uma parceira mais bem-sucedida. Então, em vez de eu sair com o primo de todo mundo (quer dizer, estou tentando), esse é meu apelo oficial à Netflix para me contratar como roteirista de uma série sobre uma mulher ambiciosa namorando alegremente um cara menos bem-sucedido. Logo depois de me contratar para escrever o terceiro *A lenda do tesouro perdido*.

Tipos de homens que são maus

Homens que Serão Redimidos pelo Amor
(Só que não)

São homens cujo comportamento fica entre a brutalidade ativa e a babaquice passiva com todos que encontram — pense no Sr. Darcy, na Fera de *A bela e a fera* ou no cara que me disse, quando nos conhecemos, que era incapaz de vivenciar emoções humanas. Apesar de nossos melhores esforços, eles não serão redimidos pelo amor. Talvez sejam curados pela terapia, mas você não precisa ficar por perto para descobrir.

"Caras Legais"

Um "cara legal" é um homem que acredita ser um grande sacrifício tratar as mulheres com dignidade. Na verdade, isso não deveria exigir tanto esforço e não é, por si só, digno de sexo.

Advogados do Diabo

Homens brancos que adoram bancar o advogado do diabo são republicanos latentes. (Alegam ser progressistas, mas lhes dê uns dez, quinze anos.)

Republicanos

Como dizem as crianças, nem olhe na minha direção.

Homens que Usam Confirmação de Leitura

Confirmação de leitura é o mais diabólico elemento da cultura telefônica; seu único propósito é causar dor. Antes de ter sido inventada, você precisava digitar "Só para sua informação: visualizei sua mensagem, mas não vou responder porque te odeio". Minha pior experiência foi quando mandei a seguinte mensagem para um cara: "Cheguei de férias! Vamos nos ver e assistir à *Lenda do tesouro perdido 2!*". Ele leu e levou sete horas para responder nada mais que "Bem-vinda de volta".

Tipos de homens que são ótimos

Caras Legais de Verdade

São caras que tratam você com gentileza porque são gentis, não porque estão tentando transar com você. Legal. Próximo!

Homens que Vêm a Meus Shows

Em um mundo onde todo mundo é obcecado por parecer ocupado, passar tempo com alguém é a cantada ideal. Uma vez, o namorado do meu amigo Jose disse a ele, no início do relacionamento, "Me encaixe na sua agenda", o que me soou como um pedido de casamento. Ir aos meus shows é uma versão ainda mais avançada do genérico "passar tempo juntos", porque você está em um lugar que existe para me dar validação. Um cara certa vez assistiu a dois dos meus shows em três dias, e eu pensei, tipo, "Ah, ele quer me comer". (E queria!)

Homens Gatos Nível Adam Driver

Homens à la Adam Driver são gatos, mas — como Lena Dunham salientou — de um jeito que cada mulher acredita ser a única a ter descoberto esse segredo. Eles não são padrão o suficiente para serem heróis de ação, mas são gatos o bastante para serem o vilão ou o amigo nerd, o que, em última análise, significa que ainda são gatos o bastante para estrelar um filme. Tenho certeza de que a maioria desses caras sabe que são gatos. Aqueles que considero Bons são os que levam isso na boa (Adam Driver, Domhnall Gleeson), não os que são babacas (Miles Teller).

Harry Styles

Embora quisesse que Harry Styles tivesse tuitado sobre a eleição presidencial de 2016, eu o considero o rockstar progressista ideal. Estou triste que ele cortou o cabelo, mas já me conformei com o fato de que você pode rejeitar a masculinidade tóxica e ainda ostentar um corte de cabelo convencionalmente masculino. Talvez Harry seja um caos — é irritante que ele só seja visto em encontros com mulheres magras, gatas e desinteressantes —, mas sua existência me inspira.

Homens que Amam Suas Mães

Sem piada! Fique bem com sua mãe!

5

NAMOROS

"Definindo" o "relacionamento"

Em que ponto e por qual motivo você e seu peguete decidem chamar um ao outro de namorado e namorada para definir o relacionamento?

Primeiro, um aviso: na verdade, odeio a palavra "girlfriend" (namorada, em inglês) — não me identifico nada com ela e me sinto muito desconfortável em me referir a mim mesma assim. Talvez seja por consumir a cultura pop convencional, que retrata a namorada como um obstáculo irritante? Talvez tenha me cansado de chamar a mim mesma de "garota" ("girl") depois de me chamar assim quinhentas mil vezes por dia na época que "garota" e "moça" eram as palavras legais para usar na descrição de mulheres? (Agora me refiro a mim mesma como uma "demônia imortal".) Mas, sim, odeio. Sou, tipo, [amassa o inglês, joga no lixo]: "Esse idioma é ruim; precisamos recomeçar". Às vezes digo "namorados" (boyfriends) em vez de namorado e namorada, mas recentemente me disseram que isso é esquisito, estúpido e, quem sabe, ofensivo. Então comprei um par de pantalonas de veludo e, de repente, amo as palavras "amante" e "parceiro".

Provavelmente falar "parceiros" enquanto mulher hétero seja tão idiota quanto, mas é algo na linha "aprendendo com a cultura queer", não "apropriação da cultura queer". E como meu antigo colega de apartamento (gay), Zach, diz, "Qualquer um pode falar parceiro. Namorado(a) é desnecessariamente genderizado e infantilizado".

Já ouvi pessoas se referirem a si mesmas como namorado e namorada depois de duas semanas, o que acho louco. Como é possível? Vocês se viram provavelmente duas vezes. Talvez eu só esteja muito ocupada e seja completamente normal que as pessoas se encontrem várias vezes em uma semana quando começam a sair. Mas, sinceramente, acho que se considerar mais ocupado que o normal é algo supernarcisista e agora presumo que todo mundo seja tão ocupado quanto eu. ENTÃO COMO ALGUÉM CONSEGUE se tornar parte de um casal tão rápido? Talvez essas pessoas sejam apenas extrovertidas e amem bares? Para que eu rearranje minha vida a ponto de encontrar alguém várias vezes na primeira semana, ele precisaria ser tão perfeito quanto se eu tivesse conjurado o bendito. Isso me aconteceu somente uma vez, e... repitam comigo... NEM NOS BEIJAMOS.

Se não depois de duas semanas, você definiria seu relacionamento depois de dois meses? Tenho um amigo que tem saído com uma mulher há dois meses e acabou de ouvir de outro amigo que "Você precisa ter A Conversa em breve". Ele concordou e está criando coragem e estamina. Então: dois meses parece socialmente aceitável. Com certeza não sou contra um mundo em que encontro um homem, nos pegamos por dois meses e decido que quero parar de trepar com outros e então dou início ao uso excessivo da palavra "namorado" quando descrevo o cara para os amigos.

Mas até o fechamento desta edição, tenho saído com um cara por uns três anos, entre idas e vindas, que ainda não chamei de namorado. Não quero ser um casal, e tenho sessenta por cento de certeza de que ele também não, portanto, no momento, parece menos trabalhoso não tocar no assunto. Em resumo, sinto que o prazo para definir uma relação é entre você, a pessoa que você está beijando e o Espírito Santo.

Vamos discutir por um momento, se me permite, como se autodenominar pelo (possivelmente infinito) tempo antes de virar um casal. Não quando você está tentando descobrir o que são um para o outro, mas quando estão na mesma vibe de trepar com certa regularidade, mas não exclusivamente, como eu. ODEIO o termo "amizade colorida". Número um: claro, a pessoa é minha amiga, mas no sentido de que basicamente QUALQUER UM no mundo é meu amigo: gosto e passo tempo com eles. Nesse aspecto, minha família é minha amiga, meus colegas de trabalho são meus amigos, os baristas que desconhecem meu nome são meus amigos. Então nenhuma dessas pessoas é realmente minha amiga, e os americanos diluíram a palavra "amigo" até a insignificância. Número dois: "colorida"?! Que modo tosco e infantil de descrever o sexo! Estamos todos transando com giz de cera na mão? E isso significa que nossas amizades tradicionais são sem graça e sem cor? Claro, "pegação" não é muito melhor — tem uma certa conotação de ausência gratuita de emoção, meio "Somos todos jovens e gostosos, trepando com geral [três emojis de saudação de rock com tom de pele branco]". E embora eu com certeza transe com pessoas com quem não quero namorar, ainda sou um ser humano vivenciando emoções! Mais: é sempre tão chocante quando me refiro a alguém como meu "parceiro de pegação" que quem quer que seja meu interlocutor interrompe a conversa e diz "Nunca ouvi ninguém falar assim antes". Resumindo: no momento pré-casal, basicamente me refiro à pessoa que beijo apenas como "amigo", o que está, aos poucos, me enlouquecendo.

Enfim: será que em algum momento vocês acabam em uma união estável, sem nem mesmo uma discussão formal? Isso acontece depois de um tempo sendo exclusivos? Faz diferença que não estivessem transando com outras pessoas, mas não por falta de tentativa? Será que passar o Dia dos Namorados juntos torna os dois, automaticamente, namorados? (Sei que é a coisa mais clichê do mundo reclamar que o Dia dos Namorados força uma conversa para "definir uma relação", mas, independentemente disso, achei estressante e processei a Hallmark.) Se encontro a pessoa toda semana, se pergunto sobre sua família, se nossas famílias sabem que o outro existe, se respeitamos muito um ao outro e, talvez o mais importante, se nunca fico preocupada com a quantidade de mensagens que envio para o cara: estamos namorando? Qual a lei aqui? Por que isso nunca apareceu em um episódio de *Suits*?

E se estivermos pegando outras pessoas, isso nos coloca em uma união estável poliamorosa? Ou precisamos decidir, conscientemente, sermos poliamorosos e então avisar a todos que conhecemos para ler *The Ethical Slut* e só assim passa a valer? Definitivamente não tenho nada contra me relacionar com mais de uma pessoa, até aproveitei a ideia pelas mais ou menos duas semanas em que consegui colocá-la em prática. Mas assim como chamar alguém oficialmente de namorado requer uma certa contenção de possibilidades e um anúncio de que esse é o tipo de pessoa que você é e o tipo de pessoa que ama, decidir se identificar como poliamorosa é fazer uma grande afirmação sobre si mesma que não tenho interesse em fazer. Prefiro me esgueirar por aí como um Rumpelstiltskin do beijo, tentando evitar ganhar um nome, então arruinando tudo e me forçando a devolver todos aqueles bebês.

Você deve a alguém a rotulação desse relacionamento? Depois de certo ponto, é cruel não se referir a alguém como seu namorado? Abster-se de chamar alguém de namorado torna um eventual término mais fácil e, portanto, talvez sugira que você pretende terminar com ele em um dado momento. Também administra expectativas: não quer dizer que você *não* comparecerá às ocasionais festas dos amigos dele ou *não* vai acompanhá-lo em casamentos; só quer dizer que vocês não estão *obrigatoriamente* fazendo essas coisas. Vocês poderiam, claro, ser um casal e chegar a um acordo de que tais coisas não são esperadas. Podem até mesmo ser um casal e se sentir explicitamente confortáveis com a ideia de um rompimento futuro. Tenho amigos casados que me disseram que nunca teriam se casado se não estivessem tranquilos sobre um possível divórcio. Mas ao não se rotularem como um casal, vocês deixam claro que não estão no caminho de outros títulos mais sérios (como "casal casado"). Vocês não estão contextualizando sua relação para os outros. Se ambos se sentem confortáveis com isso e com os cinco minutos adicionais necessários para explicar seu status de relacionamento para sua mãe, que é mais legal do que parece e com certeza não se importa... não acho que seja cruel.

Só tenha em mente que, ao não se referir a vocês como casal, também não está contextualizando a relação para si mesma. Estamos à beira de tantas mudanças sociais: o modo como a economia funciona, o tipo de emprego que as pessoas têm, a idade em que as pessoas "sossegam", as coisas que as mulheres podem fazer — tudo está mudando com extrema rapidez. Porra, vejo fotos das roupas da Madewell de alguns anos atrás e NÃO CONSIGO ACREDITAR que já quis pagar US$130 para me vestir como uma lavradora em tons sépia. O modo como namoramos e amamos está mudando com e por causa de todas essas outras coisas, e não ter um caminho conhecido a seguir é muito estranho e complicado. Por vezes, parece que o cara que estou pegando e eu estamos inventando a conexão humana pelo caminho. Rotular duas pessoas como casal, um time, parece emprestar ordem a sua vida; você sabe o que vem em seguida. É como pedir um *poke bowl* sugerido pelo restaurante, porque mesmo que tenha alguns ingredientes que você não adore, é melhor que pedir um customizado e acabar com algo que custa vinte e dois dólares e tem cheiro de pum. Ser um casal oficial pode trazer responsabilidades e expectativas que vocês não desejam, mas pelo menos você sabe que merda está acontecendo.

A distância

Muitos dos meus amigos e pelo menos um dos meus irmãos viveram um relacionamento a distância; eu nunca vivi. Não me oponho ao conceito, mas a única pessoa com quem consigo me ver namorando a distância mora em outro país e só demonstrou um morno interesse por mim por umas seis horas há uns dois anos, TALVEZ.

Parece que a população em geral — também conhecida como pessoas com quem conversei e filmes aos quais assisti (não é como se eu tivesse feito um estudo representativo e longitudinal sobre o assunto; não quero ligar para a casa das pessoas, como aqueles bizarros do Gallup) — considera relacionamentos a distância um estado liminar. São apenas distantes enquanto os parceiros trabalham em direção a um futuro em que vivam no mesmo lugar. Mesmo que esse futuro seja extremamente nebuloso — considerando que vocês não tomam medidas concretas e também porque, talvez, pensem que vamos todos morrer em, tipo, um inverno químico nuclear causado por um incêndio gigante em uma refinaria antes que possam descobrir como conseguir um emprego em Portland —, em teoria, estão trabalhando para alcançá-lo.

Namorar a distância também parece precisar de um planejamento cuidadoso para garantir que atinjam uma cota de horas de relacionamento/mês. Com frequência, leio sobre celebridades que se certificam de não passar mais que duas semanas sem se ver. (Faz parte do meu trabalho ler entrevistas de celebridades falando sobre como elas fazem a relação com Orlando Bloom funcionar. Ganho plano de saúde fazendo isso!) Entre essas visitas quinzenais, tenho amigos que usam o Skype enquanto assistem ao mesmo filme ou comem a mesma comida. Mas isso parece ser apenas um complemento, como se passar muito tempo sem estar na mesma sala com alguém, beijando a pessoa, pudesse essencialmente torná-los apenas amigos por correspondência muito conectados emocionalmente.

O objetivo de tratar um relacionamento a distância como liminar, de sempre tentar resolver a distância, é que um longo período de afastamento pode causar problemas, mesmo quando se bate a meta de horas de relacionamento. Talvez seja a razão para os casamentos de Hollywood, em que ambos os parceiros estão sempre trabalhando ou viajando, darem a impressão de ter mais chance de divórcio (ou talvez atores sejam narcisistas) (ou talvez atores sejam mais propensos a se envolver em cultos dos quais as esposas fujam) (ou talvez apenas escutemos mais sobre esses divórcios e estejamos mais emocionalmente interessados em casamentos hollywoodianos do que nos dos nossos amigos). Vocês podem se visitar dois fins de semana por mês, assistir ao *Planet Earth* pelo Google Hangouts, mas jamais podem recriar aquela parte do relacionamento que consiste em passar muito tempo não fazendo nada em particular. Como meu irmão me contou, se seu relacionamento tem pequenos problemas, adicionar a distância apenas deixará esses problemas mais óbvios mais rápido.

Então ok, vamos supor que você decida morar com seu parceiro. Talvez esteja feliz! Tipo, amo morar em Nova York: meus amigos estão aqui, tem teatros e galerias de arte, é talvez uma das duas cidades onde posso conseguir um emprego como roteirista de TV (por favor, me contrate como roteirista de TV). Mas também está coberta de lixo, passo toda manhã com a cara enfiada no sovaco de alguém no transporte público e pago US$1.400 de aluguel por um apartamento em que a água jorra da luminária quando tomo banho (???) (Decidi que vale a pena e que não é nada de mais). Então, a certa altura, a presença da pessoa amada parece uma razão tão boa quanto qualquer outra para escolher onde morar.

Mas ainda assim você sacrifica alguma coisa ao se mudar, afinal existe uma razão para você ter acabado onde mora. É possível se desenraizar do lugar onde escolheu estar e não se ressentir da outra pessoa? Meghan Markle está *mesmo* de boa em desistir da carreira de atriz para se casar com o príncipe Harry? Ela tem uma visão tão negativa assim de *Suits*? Se *Suits* não é uma boa série, então por que passei um dia inteiro de minha vida assistindo a *Suits*?

Quando você não está sendo financiada pelas joias da Coroa e não pode dar um pulo em Botswana para um segundo encontro, relacionamentos a distância parecem [voz de Ben Affleck no discurso de agradecimento do Oscar] muito trabalhosos. Mas, tipo, por quê?! Acho que existe um mundo onde não se briga com a distância, onde você mantém um eterno relacionamento a distância. Talvez seus objetivos (escrever para TV) coloquem você geograficamente longe das metas de seu parceiro (ser membro juramentado da pequena irmandade que guarda o Silo Global de Sementes Svalbard); não acho que isso torne vocês automaticamente incompatíveis. Vejam, por exemplo, o casamento da atriz Judith Light (sobre o qual li em meu tempo livre e SEM qualquer benefício de plano de saúde). Judith está casada há 32 anos com um homem que vive do outro lado do continente: ele em Los Angeles, ela em Nova York. Como Judith disse à revista *People*: "Recomendo seriamente. Ele ama a Califórnia. Eu jamais pediria a ele que a largasse, e ele nunca me pediria que saísse daqui". Eles se visitam meses por vez, mas não têm planos de morar juntos. Faz sentido — de acordo com a Dra. Helen Fisher e A CIÊNCIA, distância e encontros pouco frequentes podem fazer aquela faísca inicial durar mais. E de acordo com a dama Helen Mirren, passar bastante tempo separados e dar espaço um ao outro têm mantido seu casamento feliz. Nenhuma ciência por trás da alegação de Helen Mirren, mas ela é gata, então confio nela implicitamente! E talvez não precisar se preocupar constantemente com a "solução" para relacionamentos a distância os torne mais prazerosos.

A ideia de um eterno relacionamento a distância me atrai, uma introvertida com necessidade de muito tempo sozinha para recarregar, encarar minha pilha de livros e pensar em como definitivamente vou morrer antes de ler metade desses títulos.

Morando juntos

Decidir morar junto é considerado um grande e importante passo em um relacionamento: vocês decidem namorar oficialmente, se mudam, se casam, envelhecem e pagam Elon Musk para levá-los até o sol. Mas e se... eu não quiser?!

Entendo POR QUE as pessoas moram juntas. Em teoria, seu namorado é uma das suas pessoas favoritas, e morar com alguém significa que você vê esse alguém com frequência. Definitivamente há homens que eu adoraria encontrar com frequência por, tipo, uma semana. E é divertido acordar ao lado de alguém e logo começar a se distrair com ele!

Mas como alguém que às vezes até em festas passa cinco minutos sentada em um ambiente vazio para *recarregar*, ser forçada a estar com outra pessoa o tempo todo parece terrível. Tem dias em que, sabendo que não tem ninguém por lá, eu só quero chegar em casa. E morar com colegas é diferente — eles não dormem na sua cama, e você não tem que amá-los. Seus colegas pouco se importam se, quando dorme, você se revira e balbucia sobre os Obama. Isso aconteceu comigo, uma vez um cara me disse que eu tinha falado sobre os Obama enquanto dormia, e, sinceramente, nunca me senti tão orgulhosa.

Também tem um negócio em viver por conta própria em um espaço que só você mantém e que sozinha mereceu, se sentindo orgulhosa de si mesma enquanto olha em volta e diz "Veja todas as minhas coisaaaas". E se você quer pendurar apenas ilustrações da sua amiga Hallie Bateman, é sua decisão, mesmo que seu namorado ache que você deva pendurar só arte pop dos anos 1970 porque é genial. (Ele está enganado, não importa o quanto seja gato.)

Em um mundo ideal, onde somos todos ricos e não existe crise de moradia, eu adoraria viver a uns quinze, sessenta minutos do meu parceiro gato e fixo. Toda noite que passássemos juntos soaria como uma escolha em vez de uma configuração padrão nascida de uma decisão tomada há três anos, quando nossos contratos de aluguel expiraram ao mesmo tempo. Passaríamos bastante tempo juntos, mas eu não precisaria passar a viagem de volta para casa rezando para que ele estivesse de bom humor. E quando meu fluxo é tão intenso que preciso trocar o OB de hora em hora, eu trancaria as portas e me recusaria a deixá-lo entrar!

Ao mesmo tempo: não é de hoje que vivo sozinha, e isso não resolveu todos os problemas de minha vida. Uma nova rachadura aparece no meu teto todo santo dia, e meu Wi-Fi para de funcionar aleatoriamente quando estou assistindo a um episódio de *The Great British Bake Off*, e agora esses problemas são só meus. Acho que eu cederia mole mole no lance de morar juntos, especialmente se representasse poder morar em um lugar onde o piso se encaixa e nenhuma tábua está podre. MAS: gostaria de ter meu próprio quarto. (Reforçando: nesse cenário, somos todos ricos. Embora não tão ricos quanto aqueles vilões que têm *alas* independentes.) Li artigos suficientes da revista *Parade* para saber que ter o próprio espaço pode salvar um casamento. Vou pendurar minhas ilustrações e me sentar em silêncio e toda noite vou me revirar e revirar e revirar como o cadáver de um Pai Fundador da Nação que acabou de descobrir sobre Trump.

Negociáveis

Existem muitas Decisões Importantes a se tomar com um parceiro se decidiram que se gostam o bastante para a longa jornada. Onde morar? Vocês devem se casar? Ter filhos? Vocês são religiosos? Querem ter uma religião por causa das crianças? Serão VEGANOS pelos filhos? (Ver: *Comer animais*, livro escrito por Jonathan Safran Foer para me induzir a me tornar vegana quando nem ele é.)

A essas questões, muitos dos meus amigos e eu respondemos: ahhh, quem se importa?! Vou ver como meu parceiro se sente. Como escrevi na parte sobre distância: estou muito feliz em Nova York, mas se eu me apaixonasse por alguém que tem um bom motivo para viver em algum outro lugar, provavelmente ele conseguiria me convencer! Todo lugar é interessante: poste nas redes sociais que está viajando para qualquer canto da Terra e vai receber algumas ótimas recomendações. (Qualquer lugar exceto Salt Lake City, uma cidade onde, aparentemente, ninguém que conheço jamais esteve e onde fui forçada a vagar, perguntando a pessoas de aparência jovem o que era legal.) (Todos responderam o shopping.) (E, realmente, *era* um shopping bem legal.)

Tenho amigos que não acreditam, particularmente, em casamento, mas que supõem que se renderão um dia para agradar um parceiro, ou a família de um parceiro. O mesmo vale para filhos ou religião: fui criada como católica e, na verdade, não acredito em nada (embora ame um cristal), mas me converteria alegremente ao judaísmo por um cara, porque, claro, por que não? Significa que você não é feminista se está disposta a deixar tanto para um homem decidir?

Eu acho que não! Existem pessoas com fortes opiniões sobre casamento e religião e filhos, e, sinceramente, eu as parabenizo por serem tão honestas e abertas sobre o assunto! Recentemente, vários amigos meus terminaram seus relacionamentos porque uma das partes com certeza queria filhos em algum momento (ou já) e a outra com certeza não (ou, pelo menos, não já). É uma razão tão chata para terminar uma relação que, tirando isso, é ótima, mas esse é um problema legítimo e essencial! E sinceramente: ainda estou digerindo a ideia de que alguns amigos meus são velhos o bastante para terem filhos *intencionalmente*. Não tenho nem 12 anos! Como eu vim parar aqui?!

Levar em consideração o desejo do seu parceiro não me parece fraqueza ou antifeminista, contanto que seu parceiro também esteja disposto a levar em conta as coisas cruciais para você. E sinceramente: há tantos problemas no mundo e tantas brigas que você pode ter por coisas que realmente importam. NÃO, jamais assistirei a *Manchester à beira-mar*. NÃO, nunca me casarei com um republicano. E, SIM, com certeza vou ser uma total lunática e, quando tiver um filho que nem sei se quero, provavelmente vou insistir em criar a criança como vegetariana! Questões intransponíveis *existem*. Mas se não é algo com o qual você se importa e que faria alguém que você ama feliz, então por que não tentar? Viva uma aventura. Afinal, quase tudo na história da humanidade foi mal planejado e com certeza um erro. Quando minha mãe descobriu que estava grávida de mim, ela sentou e chorou. Mas quem se importa?! Agora estou aqui e ligo para ela de quatro em quatro horas para contar sobre os arranhões e hematomas estranhos no meu corpo. A vida é um caos e é ótima.

Casamento é ruim, e tenho certeza de que acabarei me casando com a primeira pessoa que pedir

Diga o que quiser sobre viver no século XXI — por exemplo, me sinto mal com tamanha regularidade que recentemente soltei "Me sinto mal O TEMPO TODO" como um flerte —, mas uma coisa legal sobre o presente é que a sociedade começou a reconhecer que a instituição casamento tem problemas. Assim como é verdade para coisas como futebol americano e Sean Penn, detesto casamento por razões políticas e sociais. E, no entanto, há uma pequena parte de mim que ainda quer se casar! Quero me casar do mesmo jeito que as pessoas querem fazer o desafio do biscoito: quando ouço que mulheres acabaram presas em seus casamentos, fico meio "Bem, não parece assim tão difícil comer oito biscoitos em um minuto; na boa, acho que consigo!". Sinceramente, acho que serei eu, com minha química corporal, hidratação bucal e força de vontade, que vai contestar toda a humanidade. Também acho que posso ser a pessoa a desafiar as probabilidades e NÃO acabar oprimida pelo homem que amo nem encontrando uma morte prematura.

O lance da morte prematura não é piada! É real! Uma coisa (mega) ruim no casamento é que há um grande desequilíbrio entre seus benefícios para homens e mulheres. Ou seja, homens têm várias vantagens, e as mulheres, não. De acordo com Elizabeth Gilbert em *Comprometida*, estudos mostram que homens casados, quando comparados com os solteiros: vivem mais; acumulam mais riquezas; são mais bem-sucedidos; têm menor probabilidade de sofrer de alcoolismo, vícios e depressão; têm menos chances de morrer de modo violento; se dizem mais felizes. Agora, por favor, imagine o emoji de palminha pontuando cada palavra da próxima frase: para as mulheres, é exatamente o contrário. Para citar qualquer homem a quem mandei essa informação: "como assiiiim". Ainda segundo Gilbert: mulheres casadas ganham sete por cento menos dinheiro e têm maior probabilidade de morrer de modo violento porque... seus maridos as matam. Gilbert (escrevendo em 2010) observa que as coisas começaram a melhorar e que o desequilíbrio tem diminuído por conta de fatores como casamento tardio e um marido que ajuda nas tarefas da casa. Talvez exista esperança para mim, uma septuagenária notoriamente preguiçosa. Mas ainda é uma certeza estatística clara que, de muitos modos, casar com um homem vai me ferrar.

Esse desequilíbrio de benefícios provavelmente é a razão para que as meninas sejam ensinadas a surtar pelos garotos, para começo de conversa. Nenhuma mulher, em sã consciência, pode ser persuadida a passar a vida limpando a casa de um cara, criando seus filhos e sendo sua terapeuta exclusiva *de graça*. Se você somar todas as tarefas não remuneradas que uma esposa tradicional executa, o salário provavelmente teria de ficar na casa dos sete dígitos, mais um plano de saúde excelente, para sequer me tentar. E, ainda assim, eu com certeza recusaria o trabalho porque, como no Goldman Sachs, um dos bancos vilões da crise de 2008, a jornada é longa, o serviço, muito estressante, e a indústria, moralmente inaceitável. Mas quando enredos de todas as formas narrativas já inventadas pelo homem repetem incessantemente para jovens meninas que a vida não tem sentido sem amor, esse sacrifício totalmente ilógico parece justificável. (E, sério, de bom grado eu baixaria minha expectativa de vida se isso significasse ser casada com Colin Firth.)

Apesar de tudo, no momento existem uns bons três caras gatos que, se me pedissem em casamento, eu provavelmente responderia sim. POR QUÊ!?! O QUE HÁ DE ERRADO COMIGO? (Além do fato de jamais ter assistido a *Velozes e furiosos*.)

Bem, para começo de conversa, historicamente sou uma garota que gosta de se sair bem em tudo. No ensino médio, fui uma aluna exemplar, presidente de cada clube da escola e até participei de uma olimpíada estadual de matemática, embora odiasse matemática. Meu pai, um representante pago do poderoso lobby da matemática, comentou: "Você deve amar matemática se é tão boa assim!". Mas a coisa que eu amava era ser boa naquilo. E, sinceramente, ainda gosto de me sobressair! Por que não deveria?? Quer que eu prefira ser ruim nas coisas, babaca?! Infelizmente, tentar ser "boa em" relacionamentos significa seguir um curso traçado para nós por inúmeras comédias românticas e livros e propagandas da indústria fraudulenta do diamante, que nos diz que toda garota merece um anel. (Só descobri que era mentira quando estava com uns *20 anos*.) Então, sendo uma garota que gosta de se sobressair, estou praticamente cavando a própria cova e acenando para meu sorridente marido, que agora pode viver mais por ter sugado a vida de mim, sua esposa gata.

Outro motivo para eu querer me casar, e também outro motivo pelo qual o casamento é ruim, é que promove uma onda de aprovação de terceiros. Essa validação externa é algo que somos ensinados a querer desde a infância, e a busca por ela resume toda a personalidade de nosso atual presidente. O casamento é um ponto nevrálgico da aprovação alheia: alguém está colocando um terno bonito e contratando um DJ para anunciar publicamente que te considera interessante e trepável. E, ao que tudo indica, ELE é uma pessoa que você considera bem legal, o que significa que, de repente, *você* é legal o bastante para ser considerada legal por uma pessoa legal! Meio que fora da curva do lance da aprovação externa, mas tem relação: ao conquistar a própria validação pelo outro e ao retribuir com sua validação, você faz uma corajosa declaração ao mundo sobre si mesma. Tipo, esse é o modelo de crânio decorativo dourado de que gosto (imenso, hediondo), e esse é o modelo de parceiro de que gosto (alto, usa camisa social, sempre cheira a cigarro). Tudo isso me deixa reticente quanto ao amor, como se fosse uma doença cuja única solução é se tornar budista, motivo pelo qual Leonard Cohen foi viver em uma montanha. MAS! Do fundo do coração, sinto que estou intelectualizando demais. Tem um jeito de vivenciar o amor com alegria, lembra? Não é de todo ruim apreciar estar e transar com alguém.

Além do mais — e sei que isso me faz parecer uma idiota —, quero estabilidade romântica. Não quero a comédia romântica subversiva; no fundo, quero apenas a comédia romântica. Com frequência, me sinto extremamente exausta devido a baixos níveis de vitamina B12 ou vitamina D3 (ou as duas?), e a ideia de achar um parceiro e decidir que é isso, que podemos lidar com o que quer que seja e que não posso trocá-lo por outro: parece bem sedutora. Parte do meu amor pela família e por amigos próximos é, acho, a inevitabilidade: sempre estiveram na minha vida, e mesmo quando discutimos até chegar às lágrimas, ou quando dirigimos por 24 horas seguidas e não quero falar com eles por dois meses, estamos juntos nessa longa jornada e sabemos que vamos dar um jeito. Acho que gostaria desse sentimento com um parceiro romântico. É difícil fazer um relacionamento funcionar por muito tempo, mas talvez seja mais provável que continuemos juntos se prometermos continuar juntos na frente de nossos amigos, tendo que arrastar nossas bundas até o cartório para preencher a papelada. É a falácia do custo irrecuperável jogando a favor do amor! Seria ótimo ser incoerente em nome de algo bonito para variar, em vez de apenas para justificar continuar jogando *Minesweeper* por mais quinze minutos porque você já vinha jogando por trinta, então o melhor é continuar até ganhar. Acho mesmo que com um parceiro romântico, considerando que você o ESCOLHEU conscientemente, é mais aceitável dizer "Não está funcionando, quero sair fora". O que, claramente, é uma coisa boa e necessária. Mas, sinceramente, também não acho que temos direito à suprema felicidade todo o tempo, e não vale a pena buscar felicidade extrema e constante. Não acredita em mim? Passe três meses lendo *Infinite Jest*! Ou apenas acredite em mim e passe esses três meses em uma viagem de carro ou coisa parecida.

Outro motivo que totalmente me levaria a casar e que nada tem a ver com amor eterno por nenhum cara em particular: famílias legais. No último ano, mais ou menos, comecei a me descobrir muito interessada nas famílias dos homens. Não conheci nenhuma dessas famílias — algumas pertencem a meros crushes —, mas sempre que vejo esses caras, fico, tipo, "Como está sua mãe?". *Amo* quando as pessoas têm pais interessantes. Sua mãe é advogada? Seu pai voltou a estudar enquanto criava os filhos? Vamos todos almoçar! E não são apenas os pais! Quero passar tempo com todos. Seu irmão é jornalista? Sua irmã tem uma fazenda orgânica? Seu cunhado força todo mundo a jogar bocha em cada reunião de família? VOCÊ TEM UMA ADORÁVEL SOBRINHA NENÉM COM QUEM SE DÁ BEM?! Sempre achei atraente quando homens amam suas mães porque é reconfortante saber que conseguem ser gentis com pelo menos uma mulher. Mas o lance do "muito interessada na sua família" é um novo estágio biológico/de maturação conforme envelheço e, em teoria, me aproximo do compromisso sério. Amo minha família esquisita e, por causa do divórcio dos meus pais, já tenho que dividir meu tempo nos feriados. Agora estou inconscientemente à procura de famílias pelas quais valeria a pena dividir ainda mais o tempo. E já encontrei ao menos quatro. ALGUÉM CASE COMIGO!

Sei também que meu pai quer muito que eu me case. Sempre soube — meus pais são divorciados, e sempre que cito meu desinteresse pelo casamento, ele leva para o lado pessoal, como se seu divórcio fosse o único motivo para meu desânimo em baixar minha expectativa de vida e oportunidades profissionais de uma só tacada. Então, no ano passado descobri que meu pai vem guardando dinheiro para meu futuro casamento. É claro que eu preferia ter esse dinheiro para orquestrar pequenos subornos ou acumular pedras e metais preciosos, mas meu pai não quer saber. Nada disso me parecia muito convincente até que meu pai e eu fomos à Disney recentemente. (Se você acha cafona adultos na Disney, aqui está a minha resposta: Andrew Garfield costuma ir.)

Nas primeiras, tipo, onze horas por lá, meu pai fez as mesmas piadas e falou sobre as mesmas coisas de sempre: Universidade de Auburn, seu alter ego "Leo" e como o fato de termos passaportes para as atrações significava que, matematicamente, estávamos nos divertindo mais que os outros. Mas, no fim do dia, enquanto esperávamos na fila do It's a Small Word, seus temas normais se esgotaram e, de repente, ele começou a falar de coisas que eu nunca tinha ouvido antes. Tipo: "Sua mãe foi quem quis aquele cachorro que tivemos". E: "Não gostei do nome Blythe, mas então vi sua mãe em trabalho de parto e pensei *Vish, você pode fazer o que quiser.*"

E então ele me contou que foi diagnosticado com câncer mais ou menos quando nasci. Meu pai disse ao oncologista: "Tenho que viver o bastante para levar minha filha ao altar". O que é meio JESUS CRISTO. O *único desejo* do meu pai quando tinha minha idade e foi diagnosticado com câncer era me levar ao altar. Isso faz minha retórica "sou uma mulher independente que não acredita em casamento e jamais escova o cabelo" parecer um pouco egoísta. Apesar de obviamente não ser; estou vivendo minha própria vida! Mas, naquele momento Disney, me senti como se encontrar *alguém* e me casar fosse a única coisa gentil a fazer.

A sociedade está à beira de algo novo e radical na maneira como as relações são organizadas. Mas parece impossível prever como isso vai se resolver, qual o jeito normal de se comportar em um relacionamento e como conseguir ser feliz. Está se tornando cada vez mais claro que não precisamos planejar nossa vida como uma estrada para o casamento. Mas então o que estamos fazendo? Todos os arcos que acreditávamos seguir foram completamente derrubados. Precisamos realmente nos sintonizar com nossos desejos, que estão, claro, cobertos por camadas de lama capitalista desde narrativas até propagandas. Qualquer coisa ajuda, galera! Então, meu novo plano é me casar com o primeiro cara rico que pedir, convencer um bando de amigos a se mudar para o Novo México e morrer.

6 TÉRMINOS

O amor é falso

Términos são um saco, óbvio. Nunca é legal ouvir um "você merece coisa melhor" no metrô lotado, ou receber uma mensagem dizendo que seu parceiro começou a conversar com outra pessoa, ou ter que confessar, depois de agonizar sobre o assunto, que você precisa de espaço. Nesses momentos, nos quais me sinto na merda com relação a mim e ao mundo, gosto de perguntar: o amor romântico é uma fraude?!

Sempre que a pergunta é "Por que toda a sociedade acredita nessa coisa que na verdade não existe e talvez seja ruim?", em geral a resposta é que a coisa falsa serve ao propósito de preservar o *status quo* do capitalismo/patriarcado/supremacia branca etc. Tornou-se tão essencial para a preservação das estruturas de poder que beneficiam uns poucos escolhidos que se infiltrou em nossa ideia de realidade, como *Matrix*, acho, já que nunca assisti a *Matrix* e também muitos ativistas pelos direitos dos homens parecem citar *Matrix* no Reddit, então talvez eu esteja completamente enganada.

Mas fica muito claro por que uma ideia do amor romântico contínuo e apaixonado é boa para o capitalismo. Ela vendeu cartões nos velhos tempos e agora vende, não sei, Bitmoji premium? Vende chocolate, o que é totalmente desnecessário porque eu teria comprado chocolate de qualquer maneira. Vende anéis de noivado com diamante por preços exorbitantes, muito embora anéis de noivado com diamante só tenham virado moda no último século e diamantes sejam apenas pedras esquisitas (e não particularmente raras). Vende comédias românticas em que casais dizem "Eu te amo" depois de apenas noventa minutos, o que devia ser ilegal. E é ainda mais gritante como a construção da manutenção do amor romântico reforça o patriarcado, acorrentando a mulher ao homem por tempo suficiente para que ela amarre legalmente sua vida e finanças ao cara. Isso era especialmente útil no tempo em que os divórcios eram impossíveis e os homens passavam o dia todo fora, arando.

O único problema com essa ótima teoria é que a maioria das pessoas vai experimentar o sentimento do "amor" em suas vidas. Podemos não ser capazes de concordar com o real significado da palavra; amor, como dor, é subjetivo. Alguns portadores de dor crônica rangem os dentes o dia todo, enquanto meu padrasto se joga no sofá sempre que pega um simples resfriado, clamando por Millie e Bailey, uma vaca e um gato de um jogo de computador com o qual meu irmão mais novo costumava brincar. Mas apesar de não termos certeza de que o que estamos sentindo é exatamente igual ou tão intenso quanto o que os outros estão sentindo, parece bem óbvio que o amor é real e existe.

Mas o amor é sustentável? Existe "felizes para sempre", ou isso foi inventado por um dos irmãos Grimm, que se cansou de escrever sobre duas pessoas brancas, de beleza convencional, se apaixonando e então decidiu encerrar a história logo depois do primeiro beijo? Quer dizer, depois de se beijarem e de pelo menos ter os olhos de uma irmã má devorados por pássaros (os irmãos Grimm eram lunáticos).

Depois de muito ler, viver a vida, conversar com amigos e me sentar nas festas de família para observar as pessoas, cheguei à conclusão de que o amor romântico é uma coisa real e verdadeira que existe no mundo, mas que, em geral, dura alguns anos, não a vida inteira.

Provas empíricas não se computam, mas meus pais são divorciados, e os pais de quase todo mundo que conheço também. Chegou a um ponto em que, quando conheço alguém cujos pais estão juntos, ARFO e então pergunto se o fato de os pais estarem juntos é estressante.

Odeio biologia evolutiva — acho, de forma geral, que é a ciência favorita dos babacas sexistas e racistas que querem usar a "evolução" para provar que as mulheres não SABEM ler, JAMAIS poderiam aprender a ler e, portanto, não deveriam trabalhar no Google. MAS, ao mesmo tempo, a evolução é real e talvez possa ser útil se não a usarmos para oprimir pessoas que não sejam homens brancos. Dito isso, a bioantropóloga Dra. Helen Fisher observa em *Anatomia do amor* que (a) em sociedades de caçadores-coletores, a tendência é que mulheres deem à luz a cada três ou quatro anos e (b) o pico do divórcio no mundo moderno é depois de três a quatro anos de casamento. Sua teoria é de que o amor romântico faz parte de uma estratégia de reprodução criada para manter os casais unidos pelo tempo necessário para se criar um filho durante o período da infância, ou seja, até a criança ser capaz de fugir de um leão/cobra/hiena/elefante/ guepardo/urso/coiote/guaxinim gigante.

Obviamente, há casais que ficam juntos toda a vida. Eu arriscaria dizer que essas pessoas são muito sortudas, muito religiosas ou muito, muito boas em resolução de conflitos. Muitas dessas pessoas foram criadas em um tempo em que a cultura e as leis do divórcio eram muito mais duras, e muitas dessas mulheres sequer tiveram a chance de se tornar financeiramente independentes de seus parceiros. Talvez um monte dessas pessoas seja muito infeliz, talvez algumas sejam apenas geneticamente predispostas a relaxar e ceder, ou talvez algumas tenham feito uma aposta com a galera para ver quem ficava casado mais tempo, quem sabe?

Talvez ainda seja POSSÍVEL tomar uma decisão cuidadosa e autorrealizada e escolher um parceiro que tenha os mesmos valores, que seja uma boa companhia e que seja emocionalmente capaz de apoiá-la — uma pessoa com quem você possa ficar o resto da vida. Como toda pessoa preguiçosa, eu amaria fazer isso, porque parece mais fácil que passar por todo o processo de namoro a cada três, dez anos. Mas mesmo que você se una ao parceiro ideal, acho que vai descobrir que o tipo de amor que sentem um pelo outro evolui ao longo da vida. E talvez vocês também descubram que, em algum momento, vão ao menos vivenciar, quando não viver, sentimentos românticos por terceiros.

Há pessoas que gostariam de argumentar que a solução é ter mais de um parceiro romântico simultaneamente. Sei que essas pessoas existem porque moram no Brooklyn e estão sempre tentando me fazer ler *Sexo antes de tudo*. Eu nunca experimentei o poliamor — o máximo de homens com quem já consegui ficar ao mesmo tempo foram dois, e mesmo assim tudo desmoronou depois de algumas semanas. Talvez seja porque minhas habilidades com calendários digitais não sejam avançadas, porque sou péssima com nomes ou porque sofri uma lavagem cerebral orquestrada pela sociedade. Talvez apenas não consiga manter o interesse! Mas relacionamentos alternativos funcionam para muita gente — conheço várias pessoas que tiveram experiências felizes com relacionamentos abertos (moro no Brooklyn). Mas não acho que relacionamentos não monogâmicos resolvam, em um passe de mágica, todas as mazelas do amor. Vários dos meus amigos em relacionamentos abertos terminaram com o parceiro inicial. Alguns terminaram com todos os parceiros, à exceção do inicial, e se tornaram monogâmicos. E, claro, existe o perigo de que seus múltiplos relacionamentos concomitantes estejam replicando relações e estruturas de poder existentes que beneficiam os homens. Como uma amiga me disse por experiência própria: "Você acaba sendo maltratada por seis caras em vez de um". Isso não significa que relacionamentos alternativos estejam fadados ao fracasso, mas sim que, na essência, todos os relacionamentos estão destinados ao fracasso!

Assim sendo, será que sequer devíamos nos importar com o amor se não há a menor chance de morrermos nos braços do nosso marido gato de 150 anos?

Nada na vida dura. Frutas apodrecem até mesmo antes de eu comprá-las. *Game of Thrones* chega ao fim. Ozymandias vira poeira. Mary Shelley afoga o marido no lago ou o apunhala em um barco a remo ou sei lá? Channing Tatum e Jenna Dewan Tatum anunciam a separação. Você morre, Channing Tatum morre, todo mundo morre. O sol se expande e consome a Terra e, depois disso, toda a energia do universo vira entropia e toda vida e movimento e calor expiram para sempre. Esse é o tipo de merda que eu gostava de ruminar na faculdade quando me sentia engajada o suficiente para procurar saber sobre "a morte térmica do universo", mas ainda muito estúpida para entender que não faz sentido lembrar da morte térmica do universo uma vez por mês e passar o fim de semana deprimida.

O que não quer dizer que não seja agradável comer cerejas enquanto se assiste a *Game of Thrones*. As experiências são significativas enquanto duram — na verdade, são o objetivo principal. "O sentido da vida é que ela termina", disse Kafka, que agora está morto, provando seu ponto.

Você tem uma única existência patética neste planeta para devorar o máximo de alegria que conseguir, e uma parte significativa do processo envolve encontrar pessoas para amar incondicionalmente e que, com sorte, vão retribuir seu sentimento. Sim, é quase certo que esse amor vai chegar ao fim de um jeito ou de outro, mas entender que fins são algo natural significa que você não precisa se envergonhar quando seu amor acabar ou ao se apaixonar por várias pessoas ao longo da vida. Términos ainda vão ser uma merda, porém ligeiramente menos ruins quando não considerados um fracasso pessoal. E se você acabar com uma única pessoa, pode enfrentar os obstáculos de maneira bem menos neurótica se entender que é provável que sua viagem romântica não dure cinquenta anos.

Então, como disse o poeta, "Colham as rosas enquanto podem, o tempo passa voando e você não vai ser gata para sempre". Você deve buscar o amor porque é ótimo e divertido e ainda mais relevante, afinal um dia alguém morre, ou vocês terminam, ou sua mulher anormalmente forte, Mary Shelley, segura sua cabeça debaixo da água porque você não a elogiou o suficiente quando ela escreveu *Frankenstein*. (Dei um Google nisso e aparentemente Mary Shelley NÃO matou o marido! O que, na verdade, me faz gostar bem menos dela!) Mas não importa quando nem como acaba, sejam bondosos um com o outro. Términos fazem parte da vida; o amor é uma farsa.

Rejeição é uma coisa boa

Existem milhares de histórias sobre escritores hoje famosos que, no início da carreira, colecionaram cartas de rejeição. Stephen King prendeu as suas à parede. Jessica Williams faz o mesmo em *A incrível Jessica James*. Na minha opinião, acho um exagero. Prefiro ignorar completamente meus foras profissionais ou, em casos BEM RAROS, mandar um e-mail educado, agradecendo pela rejeição antes de seguir com minha vida. Em parte porque não gosto de remoer o que não deu certo e em parte porque existem coisas tão mais legais para se pendurar na parede, como velhos calendários do One Direction, arte dos amigos, fotos da sua aura e registros da família Rodham-Clinton do Natal de 1994.

Mas é certo que, em empreendimentos que envolvem vulnerabilidade — escrever, amar —, é natural uma certa dose de rejeição, e você precisa achar um modo saudável de digeri-la.

Quando comecei a escrever para um programa de comédia da faculdade veiculado pelo YouTube, meu trabalho era lido em voz alta em reuniões de pauta nas quais tudo era anônimo, então se as pessoas não riam das minhas piadas, pelo menos eu estava protegida pelo anonimato. Até hoje mando trabalhos para editores ou publico minhas piadinhas no Twitter e sou rejeitada via internet, a distância. A única oportunidade de ser rejeitada pessoalmente é quando me apresento ao vivo, e isso não acontece porque, convenhamos, sou uma gênia da comédia.

Mas rejeição romântica é incrivelmente pessoal. Nem sempre acontece bem na cara — minha primeira rejeição romântica aconteceu na oitava série, quando confessei que estava a fim do meu crush via mensagem e ele me disse que preferia ser meu amigo. Quisera eu ter um registro fiel do acontecido; Rússia, se estiver ouvindo, espero que sejam capazes de encontrar minhas mensagens perdidas do ensino fundamental. Pensando bem, um MONTE de caras me rejeitou por mensagem e pela internet. Talvez eu devesse IMPRIMIR os foras e transformá-los em papel de parede.

Enfim, é bem fácil deixar a rejeição romântica arrasar você, tomar o não como uma ratificação de sua personalidade e aparência física. Com certeza sofri aquela rejeição na oitava série e reagi com um misto de recalque, constrangimento com relação a minha individualidade em formação e agonia. Para coroar, juntei o crush e minha melhor amiga, porque era o tipo de drama no qual amava chafurdar na época.

Desde então aprendi que, assim como nem todo mundo vai amar minhas piadas sobre fluxo menstrual, nem todo cara que Acho Gato vai ser perfeito, ou minimamente bom, para mim. Na verdade, a maioria não é! Mesmo quando parece ser porque tem 1,90 metro, sotaque britânico e adora a música "Thunder Road", do Bruce Springsteen — EU SEI, são TRÊS COISAS, como assim essa não é a pessoa destinada a passar o resto da vida comigo?!

No fim das contas, o sinal mais significativo de que alguém não é perfeito para você nada tem a ver com a opinião dessa pessoa sobre Harry Styles ou se ele usa óculos que façam com que pareça um professor, mas sim se está ou não interessado. Se um cara não está a fim de mim, não somos compatíveis, porque eu estou muito a fim de mim; em especial, curto meus peitos, meu conhecimento científico e minhas piadas sobre fluxo menstrual. Jamais escolheria um cara que não está louco por mim porque, do contrário, de que adianta? Onde está a graça? Desmentindo dez bilhões de anos de livros e filmes, amor não correspondido não é romântico; é bem chato. Todos vamos morrer em dois ou cinco anos porque [insira aqui a coisa aterrorizante que Trump está fazendo hoje], então por que devo desperdiçar esses anos tentando convencer algum britânico gato de que valho a pena?

Certa vez, um amigo meu confessou que odeia Walt Whitman por achar que ele é autocentrado e enfadonho. Nem mesmo consegue ler um poema inteiro sem se revoltar com a incapacidade de Whitman de enxergar além de si mesmo. Isso me estressou. *Folhas de relva* é fundamental para mim e para cada artista que admiro. Tenho uma tatuagem do Walt Whitman! Eu, um pesadelo autocentrado e enfadonho, às vezes imprimo partes de *Canção de mim mesmo* para dar ao meu colega de trabalho Jonah (uma outra pessoa que aprecia Walt Whitman, mas que talvez não queira lê-lo no horário do expediente)! Era extremamente importante para mim convencer meu amigo de que Whitman é o maior poeta de todos os tempos, mas, embora tenha ficado acordada até três da manhã balbuciando "mas... mas... mas...", não fui bem-sucedida, óbvio. Isso não diminui Whitman nem meu amigo, só demonstra seu mau gosto. Eu não entendia isso até dar em cima desse mesmo cara e ele me dizer, educadamente, que não estava interessado. Não faço feio, e homens que não querem me beijar não são, necessariamente, cruéis, apenas têm mau gosto! Não podem evitar! Em contrapartida, dependendo da sua autodepreciação em dado momento, esses homens não são mais especiais por perceberem que, secretamente, você É desprezível. São apenas homens normais que não querem ficar com você por qualquer que seja o motivo e que, sem dúvida, deveriam, como qualquer outro homem, se criopreservar por uns vinte anos para nos dar uma folga. Analisar por que esses caras não a amam é humilhante.

A rejeição é muito normal e é uma coisa boa. Significa que você está se arriscando, sendo corajosa. Tudo o que quero, em qualquer área de minha vida, é ser corajosa, como Indiana Jones ou como as crianças em qualquer filme infantil. E, felizmente, com a prática, a maioria dos foras não vai quebrar seu coração. No máximo a rejeição vai render um hematoma, daqueles que você acorda e pensa "Como ganhei esse roxo?". E você nem vai lembrar. E vai passar o dia exibindo aquela estranha escoriação que apareceu do nada.

Maneiras de terminar com pessoas que não namoramos

- ◆ Não as beije de novo e nunca mencione que já as beijou.
- ◆ Não responda a uma mensagem com uma pergunta direta.
- ◆ Mencione seu novo namorado/namorada.
- ◆ Aumente aos poucos o tempo que leva para responder suas mensagens até que a frequência seja de uma vez por mês.
- ◆ Cancele três programas seguidos.
- ◆ Quando sugerirem uma data para um encontro, diga não e não apresente uma data alternativa.
- ◆ Corte-as dramaticamente da sua vida, mesmo que só tenham se beijado uma vez.
- ◆ Expulse-as do seu apartamento no meio da pegação porque estão prestando muita atenção ao documentário sobre o One Direction e nenhuma a você.
- ◆ Diga "A gente se vê".

Clichês de término

Escrever é muito difícil. Dizer coisas que são interessantes e precisas e emocionalmente ressonantes... é MUITO DIFÍCIL! Pode me imaginar chorando e olhando o Instagram cinco vezes enquanto escrevo esta frase; escrever é difícil assim.

Em geral, falar é mais fácil porque, na maior parte do tempo, ninguém se importa com o que você diz. Talvez, tipo, as pessoas assimilem quarenta por cento da informação e das palavras que saem de sua boca. Contudo, quando está terminando com alguém, as pessoas se importam. Escutam cem por cento das palavras ditas, então as levam para casa e as quebram em pequenos pedaços que vão analisar e com os quais, depois, vão apunhalar o próprio cérebro para reviver toda a dor.

Então términos são um beco sem saída. Você tenta ser legal, tenta não magoar o outro e tenta ser verdadeira, mas está falando de improviso e não pode se dar o luxo de tirar uma soneca frustrada enquanto seu subconsciente "destrincha a sintaxe". Vocês estão frente a frente, e talvez a outra pessoa tenha aquela EXPRESSÃO no ROSTO e você acabe soltando a frase que suas conexões neurais talharam em seu cérebro, porque já está em sua boca e, em todo caso, captura a essência do que queria dizer. Daí, as pérolas:

"Não é você! Sou eu!"
"Me desculpe se te dei falsas esperanças!"
"Você merece coisa melhor!"

Sim, isso é o que você pretendia dizer, mais ou menos! Mas para a outra pessoa soa como uma mentira, porque ela já viu

Hugh Grant dizendo essas coisas em filmes. E, ao contrário dos interesses amorosos fictícios de Hugh Grant, essa é uma pessoa real e específica experimentando emoções genuínas.

Não sou contra a ideia de clichês de términos. Como alguém que gastou milhares de dólares em aulas de improvisação e ainda assim saiu com muito medo de improviso e que às vezes se flagra dizendo "Que saco" quarenta vezes em um intervalo de três horas, sei como é difícil falar de modo improvisado. Talvez seja mesmo impossível fazer isso enquanto você tenta ser honesto e gentil sobre o fim de um relacionamento. A vontade humana é caprichosa e, no fim do dia, somos todos idiotas cheios de tesão. Talvez não seja NOBRE terminar uma relação porque você levou dois meses para decidir se achava alguém gato e acabou decidindo que não era o caso. Mas não significa que você seja uma pessoa ruim. Então, até certo ponto, "Não é você, sou eu!" será sempre verdade.

Tenho, no entanto, alguns problemas com "Me desculpe se te dei falsas esperanças". Essa frase é uma abreviação de uma frase mais longa, com um significado bem específico, e não é "Me desculpe se te dei falsas esperanças de que estávamos indo a algum lugar" ou "Me desculpe se te dei falsas esperanças de que Tilda Swinton tem dois namorados quando, na verdade, não tem". Não, "Me desculpe se te dei falsas esperanças" é um jeito mais resumido de dizer "Me desculpe se te dei falsas esperanças de que um dia iríamos namorar/casar".

Jamais pensei em analisar essa coleção idiota de palavras até que um cara que até pouco tempo eu estava pegando terminou comigo usando essa frase (por mensagem, rs). Fiquei tão puta que... continuei a fazer minhas coisas, porque sou uma profissional ocupada e estava comprando um bom sutiã para usar no Emmy. Mas: fiquei passada!

Esse cara e eu só ficamos algumas vezes, e ele sempre tinha dito que não estava emocionalmente preparado para namorar ninguém. (Uma coisa fascinante sobre mim é que só sou capaz de conhecer caras que não podem lidar emocionalmente com namoros no momento.) A primeira vez que me disse isso, apreciei o aviso. Fiquei chateada porque gostava dele, mas, tipo, ele é um cara adulto e vida que segue. E como curto uma narrativa clara tanto quanto qualquer garota, se nosso lance não culminar comigo encantando toda a sua família em um feriado judaico, prefiro saber de cara, antes de perder seis meses fantasiando antes de dormir.

Mas toda vez que ele repetia que não queria namorar depois daquela primeira vez, isso soava como um insulto. Eu havia avisado a ele que por mim tudo bem ser algo casual, então minha impressão era de que ele não acreditava em mim, que eu, uma GAROTA, com certeza tinha que estar simplesmente TOLERANDO seu pau para ENREDÁ-LO em um intenso relacionamento amoroso a longo prazo. Como se ele julgasse as mulheres as aranhas que, assim que capturam um suculento homem em sua teia, correm até ele e o forçam a ouvir sobre seu dia. Ou talvez ele não julgasse todas as mulheres assim, mas somente eu. De qualquer maneira, eu respondia, tipo: "sim" e "sei" e "posso cuidar de mim mesma". Pessoal: não foi legal. Era como se as coisas que um dizia não tivessem relação com as coisas que o outro dizia. Acho que ele queria dizer outra coisa, mas não tenho ideia do que era.

Outro clichê que os homens adoram jogar sem jeito na minha direção quando terminam comigo é "Você merece coisa melhor". Mas é bem fácil neutralizar essa frase, digo apenas: "Ah, tudo bem, sou adulta e posso decidir o que é melhor para mim e acho você ok". Então voltamos a enfiar a língua na garganta um do outro. *Voilà!*

Isso não funciona porque pessoas que apelam para o "Você merece coisa melhor" são umas mentirosas. No fundo, todo mundo acredita que é, se não a MELHOR pessoa da face da Terra, então uma das melhores. "Não!", você protesta. "Sou um caos!". Talvez você acredite mesmo nisso, mas você também acredita, do fundo da alma e incorretamente, que existe uma versão sua mais real, melhor, que apenas você conhece porque somente você tem acesso a seus pensamentos e intenções e universo interior. Infelizmente, isso é uma farsa e o verdadeiro você é o que todo mundo vê. Para aprender mais sobre essa filosofia, digite no Google "filósofo + não existe um você interior real".

"Você merece coisa melhor" também é uma total babaquice, porque nenhum ser humano na história do mundo já sentou e listou os prós e contras de um relacionamento, então terminou tudo por conta de um senso de dever para com o parceiro. O que sequer entraria na lista? Altura? Renda anual? Recorde dos cem metros rasos? O quanto surtam quando alguém pergunta sobre seu filme predileto? "Fico bem de óculos"?

Na verdade, é provável que existam uns esquisitões entre vocês que fizeram essa lista. Com certeza Jeff Bezos fez uma. Talvez, se ficar muito entediada em alguma noite de sábado, eu faça a minha. Mas se você chegar à conclusão de que seu parceiro é "melhor" que você (um conceito equivocado!), definitivamente vai CONTINUAR com ele.

Mesmo assim, homens gostam de baixar o olhar, piscar um bocado e dizer de um jeito sofrido que "Você merece coisa melhor" porque gostam de agir como se ambos fossem vítimas. É ele quem está terminando tudo, por escolha e vontade próprias, mas ao dizer que é para SEU bem, vira alvo de simpatia. Ele nem permite que você vivencie sua dor, já que É TUDO POR SUA CAUSA e ELE ESTÁ SE SACRIFICANDO. É bem escroto e também um certo abuso psicológico. Alanis Morissette gritou que não é legal lhe dar uma cruz para carregar e depois negá-la. E, galera: ela não está errada!

Então, na escala de eventos humanos, acho que pessoas usando clichês quando terminam um relacionamento não é nada de mais. Afinal, se um homem não me fala coisas desconcertantes antes de fugir, sobre o que mais meus colegas de trabalho vão me ouvir resmungar enquanto tentam trabalhar?

Por outro lado: relações humanas são difíceis de gerir porque somos todos parvos que não conseguem decidir se Jimmi Simpson é gato, quanto mais decidir se temos a capacidade de amar de verdade outra pessoa que não nós mesmos. E é ainda mais difícil de gerir esse treco se você é uma mulher constantemente bombardeada por estímulos externos pensados para convencê-la de que, a fim de ser atraente, seu corpo precisa ficar com uma aparência não humana e de que você é superobcecada por relacionamentos, mas também inútil se não está em um.

Visto que já estou abrindo picadas na mata fechada do condicionamento social, gostaria que homens que estejam tentando terminar comigo apenas fossem sinceros. Não tenho TEMPO para parar e pensar no que um cara realmente quis dizer quando falou "Você merece coisa melhor". Preciso descobrir como singrar as maneiras óbvias e sutis pelas quais outras mulheres e eu somos oprimidas! Tenho que analisar coisas que são sérias! Preciso pensar, em detalhes minuciosos, sobre a vida diária de Karl Ove Knausgård! De que outra maneira vou ser uma escritora respeitada?!

Desculpas que gostaria que homens usassem ao me rejeitar

- Não quero beijar você, mas te admiro e me sinto *inspirado* por sua coragem de me pedir para beijá-la.
- Cheguei a um ponto da vida em que PRECISO ter uma barba imensa, malcuidada e nojenta, e não quero submetê-la a isso.
- Não moramos na mesma cidade, jamais vamos morar na mesma cidade e, apesar de gostar muito de você, acho que devíamos economizar dois anos de passagens.
- Você é muito baixa. Fico com dor nas costas quando te beijo. Não é agradável.
- Olha, você é uma gênia. Precisa de um homem que vai dedicar a vida a sua arte. E eu odeio ler.
- Sei que eu disse que não podia namorar ninguém no momento, mas quis dizer só que não posso namorar VOCÊ, já que é tão absolutamente perfeita que teríamos que, tipo, casar logo. Enfim: estou namorando uma outra pessoa.

Perdidos

Não preciso definir um perdido porque todo mundo já sabe o que é: um modo muito grosseiro, inventado por cientistas, para se terminar com alguém.

Um perdido é baseado na crença de que somos todos tão relaxados que, quando incompatíveis, as duas partes vão esquecer uma à outra no mesmo ritmo. Não precisamos terminar oficialmente porque, de maneira recíproca, respondemos às mensagens cada vez mais devagar, até que um dia, em nosso leito de morte, nosso tataraneto Charbon navega em nosso celular e pergunta quem "Josh TGI Fridays" é. E, sinceramente, não conseguimos mais lembrar.

Claro, isso nunca acontece, ou talvez aconteça com um casal sortudo de namorigos uma vez por ano. Se eu ainda tivesse fé em pesquisas, pediria a Nate Silver para checar. Em vez disso, vou apenas declarar com convicção que uma pessoa nesse cenário está em constante agonia. Porque: o quão rude é um perdido?! Você, que dá o perdido, simplesmente para de responder a pessoa como se ela jamais tivesse merecido conhecer você. Como se tivesse falhado em um teste para existir em sua vida e agora ela, uma pessoa real, simplesmente desapareceu. Já suspeito de que meu telefone, computador e conta de iMessage estejam com problemas sempre que um amigo de verdade demora mais que três horas para me responder. É loucura — em uma época que vivemos através de nossos smartphones — que uma pessoa apenas pare de mandar mensagens sem qualquer explicação!! Devia ter um *Além da imaginação* sobre o assunto! Talvez já exista um *Black Mirror*, mas, de novo, não consigo assistir a esse programa: outro motivo pelo qual homens me odeiam!

Teoricamente, deveria ser mais gentil, imagino, poupar a pessoa da razão pela qual você não quer continuar a beijá-la e, em vez disso, pular logo para a parte em que já terminaram. Mas como eu disse em "Clichês de Término", o mundo já é bem insano e baseado em um monte de besteira, e, quando posso, gosto de saber a verdade. Mesmo que a verdade seja "eu particularmente não te acho tão gata assim" ou "você berra demais nas manhãs de segunda para eu considerar um relacionamento de longo prazo".

Desaparecer da vida de uma pessoa, recusando-se a responder mensagens e e-mails, só é considerado um perdido quando acontece nos primeiros estágios de um rolo. Mas às vezes é preciso fazer isso com alguém que está entranhado em sua vida e é importante para você. Essas pessoas não vão, do nada, esquecer que você existe, não importa quantos e-mails deixe de responder ou em quantas redes sociais uma bloqueie a outra. Talvez a delete dos contatos, de modo que seu tataraclone não possa fazer perguntas, mas, em seu leito de morte, você vai convocar seu biógrafo apenas para esclarecer que o modo como as coisas terminaram com Josh sempre te incomodou.

Nesses casos, sumir da vida de alguém é um último recurso. Raramente a decisão de terminar um relacionamento é fácil. Essa é a mesma pessoa que lhe disse, repetidas vezes, que você devia ser presidente, que te mostrou aquela cabra que estava presa em um telhado e que respeitou apenas um homem (dê um Google), que quis genuinamente encontrar você sempre que possível, que você abraçou enquanto ele chorava. Como você concilia tudo isso com o fato de que a pessoa sequer leva em conta seus sentimentos?

Quando, enfim, você decide terminar tudo, é bem possível que esteja apenas cinquenta e um por cento convencida. E quando você tem quarenta e nove por cento de certeza de que ainda quer ficar com alguém, é muito fácil se convencer de que deveria. Deus abençoe qualquer pessoa que queira lutar por seus sentimentos, mas se isso se arrasta por meses, é emocionalmente exaustivo e sem sentido. Você não quer se sentir uma merda o tempo todo, mesmo que seja uma maioria discreta de tempo — é por isso que, por exemplo, parei de assistir a maratonas de *Frasier* na Netflix. E se alguém insiste em racionalizar os próprios sentimentos quando você já se abriu sem reservas, às vezes só é preciso ignorar esses e-mails.

Mas, como recompensa, guarde uma das mensagens de voz, caso um dia bata aquela vontade de se sentir emocionalmente devastada.

Stalkers virtuais

Existem razões para stalkear alguém na internet que não são tristes ou assustadoras: talvez você tenha se lembrado dessa pessoa pela primeira vez em quinze anos, talvez seja um primeiro encontro e você queira ter certeza de que ele não usa @AmoDesmembrarMulheres como nome de usuário no Twitter, talvez você tenha começado a assistir a *Riverdale* e precise saber onde KJ Apa nasceu, sua altura, idade, conhecer seu sotaque, a cor natural de cabelo e se ele gosta ou não de ler.

Mas, fazendo uma analogia, quando dou um Google em alguém — em especial quando esse alguém é um cara de quem estive a fim —, em geral é porque estou no clima de vivenciar uma punhalada no estômago. São momentos meio *Hmm, eu estava feliz lendo esse livro de Patti Smith, mas e se, em vez disso, eu visse as fotos desse cara e das quinhentas garotas de 23 anos com quem ele parece sair o tempo todo agora?*

Claro, nem toda forma de stalkear virtualmente é igual. Há o simples ato de dar um Google em alguém — o que, se toda perseguição via internet é, até certo ponto, uma perversão, uma simples pesquisada é como um beijo casto, algo que pode aparecer em séries de TV. Depois, temos o navegar por semanas de tuítes e posts de Instagram — é normal, todos fazemos isso, mas você precisa se ater ao combo básico. E ENTÃO há a merda surtada nível HBO, como checar as fotos em que a pessoa foi taggeada no Instagram ou seus likes no Twitter — você faz isso, mas talvez não confesse aos amigos, e se alguém fizesse isso em *Game of Thrones,* geraria um debate nacional quanto às consequências nocivas às mulheres.

Vivemos numa era em que as pessoas disponibilizam muita informação sobre si mesmas online. É natural ficar curiosa sobre pessoas que você conheceu ou curiosa sobre pessoas cuja nudez você talvez testemunhe em um mês, e agora é bem mais fácil saciar essa curiosidade com uma gigantesca onda de elogios no LinkedIn e perfis do couchsurfing.com. Não há razão para se envergonhar de algo que todos fazem. Às vezes digo informalmente a novos interesses românticos "Ah, vi isso no seu Facebook" a fim de regularizar mesmo o mais ínfimo grau de pesquisa online, embora venha tentando implementar essa estratégia desde 2013 e ainda esteja em versão beta.

Também é natural querer se sentir mal nos dias, semanas e meses depois de cortar relações com alguém. Hoje em dia parece mais simples que nunca, porque temos fácil acesso ao que as pessoas estão fazendo a qualquer hora. Antigamente talvez as pessoas fitassem daguerreótipos, perguntando-se que trecho de *Canção de mim mesmo* o ex lia naquele momento. Quando se vivencia o tipo de término em que só cinquenta e um por cento de você tem certeza sobre o rompimento, checar as fotos do amado no Instagram pode ser um jeito saudável de gerir os outros quarenta e nove por cento que quer reatar. Você pode fingir que está com seu ex na festa de aniversário quando ele recebe um "trato" de parabéns, sem precisar prolongar o término por quinhentos anos. Assim, poupa muita tristeza a ambos e evita chegar ao ponto em que manda a mensagem dizendo "saudades" e recebe como resposta "hahahahahahahaha".

Sou uma grande fã de sentir e de vivenciar as próprias emoções. Adoro chorar e adoro mandar mensagens sobre minhas crises de choro. Amo tanto gritar que rio, então rio tanto que soluço, no trabalho, no escritório dos outros! No entanto, ao tomar a decisão de não mais incluir em sua vida alguém com quem costumava se importar, ainda mais quando você ainda ama a pessoa, acredito que seja doloroso e imprudente se equivocar. Então, em vez disso, enfrento o assunto em conversas com amigos e escrevendo e praticando terapia de imersão e vendo fotos da pessoa com suas jovens Versões Novas de Mim até parar de doer.

O que espero encontrar quando stalkeio pessoas na internet

Novos crushes: um bom Twitter. Eu adoraria namorar um homem, qualquer homem, que não fizesse parte da cena cômica nova-iorquina. Até lá, pelo menos quero que o Twitter dos meus crushes seja engraçado.

Antigos crushes: site de casamento. O ideal platônico de dar um Google no seu crush do ensino médio é uma irreconciliável divergência de vida. Ele vai se casar com uma maratonista chamada Biscayne, enquanto eu escrevo tuítes sobre como sou péssima em relacionamentos e todos os homens me odeiam.

Ex: se mudaram para longe. Posso parar de imaginar encontrá-los no metrô e, em vez disso, imaginá-los aterrorizando todas as mulheres de Omaha.

Novos crushes: signo do zodíaco. Não tem nada pior que sair com um cara várias vezes antes de descobrir que ele é virginiano.

Antigos crushes: foto dele no último ano do ensino médio quando tinha o cabelo rosa e eu, uma paixonite tão aguda que disse a minha mãe que queria pintar meu cabelo de rosa, então ela disse que me expulsaria de casa. Só UMA foto! O que aconteceu com a merda do seu Fotolog?!

Novos crushes: vídeo em que falam. Quase o mesmo que sair com eles.

Novos crushes: vídeo em que cantam. Ainda melhor.

Novos crushes: vídeo em que cantam enquanto tocam um instrumento. Jesus Cristo.

Antigos crushes: cometeram assassinato. É muito triste, MAS também muito interessante.

Novos crushes: matéria sobre como ele caiu em um enorme bueiro (e está bem) ou sobre sua iminente expedição científica na natureza selvagem. Só vale se no momento ele não estiver respondendo minhas mensagens.

Ex: escreveram um livro. Ler o livro de um ex é uma versão avançada de stalkeá-lo na internet.

Novos crushes, antigos crushes, ex, celebridades: pelo menos uma foto indiscutivelmente sensual que posso mostrar aos amigos e provar que o cara é gato. Uma tragédia que seja algo tão difícil de encontrar. CARAS GATOS PRECISAM SER MAIS ATIVOS NO INSTAGRAM.

Datas festivas na cultura pop

Como alguém que de algum jeito se envolveu breve e muito intensamente com uma série de homens, ao contrário de passar vinte anos casada com o mesmo sujeito e então se divorciar, não me identifico com o argumento de "É Natal e... [soluços]... estou SOZINHA!". Tem toda uma categoria "estou sozinha em um feriado significativo" de tristeza: estou sozinha no feriado de Ação de Graças. Estou sozinha no Ano-Novo, é Sucot e estou sozinha, por que, meu Deus, por quê?? Provavelmente não me importo com nada disso porque ainda passo os feriados com minha família. Sou mais, tipo, "É Natal e... [soluços]... meu irmão enfiou uma banana podre na minha bota e a colocou na prateleira mais alta".

Um gatilho que dispara em mim a sensação de que a vida é vazia sem [insira homem] é a estreia de um novo filme de uma franquia ou a temporada de uma série a que eu assistia com algum cara. Nos momentos felizes, ele chegava tarde da noite e nós víamos *The Leftovers*. Era tão deprimente, mas... Carrie Coon! E, uau, Justin Theroux é muito gato e bom ator e quão louco é que seja o roteirista de *Trovão Tropical*?! E a primeira temporada foi meio chata, mas se você investisse apenas dez horas de sua santa vida, veria que a segunda temporada foi maravilhosa! Mas quando um drama de prestígio tem somente dez episódios por temporada, sobra muuuuito tempo entre temporadas para, tipo, limar completamente alguém de sua vida. E então de repente *The Leftovers* está de volta, e você não tem ninguém com quem discutir a trama e você não consegue entender se sequer se importa com essa série ou se você só gosta de ficar abraçadinha em uma noite de semana e também VOCÊ SENTE TANTA SAUDADE DELE.

"Encontre outra pessoa para conversar sobre *The Leftovers*", você diz, interpretando completamente errado todo o momento cultural. A atual era de ouro da TV nos deu muitas benesses, mas também nos deu opções demais. "TV é triagem", diz a crítica de TV da *New Yorker*, Emily Nussbaum, e muito embora você suponha que todos os seus conhecidos assistam a *The Leftovers*, a mesma linha de raciocínio fez com que tivesse certeza da vitória de Hillary. Ao que parece, milhões de pessoas assistem a *The Big Bang Theory* e votaram em Trump, e você não conhece uma sequer.

Também é MUITO DIFÍCIL traçar o perfil de quem assiste a *The Leftovers*. E, diferente de "ter mais de 1,80 metro" ou "ser muito famoso", não existe um app para ajudar a destacar essas pessoas. (Dá para acreditar que existe um app de encontros para quem tem mais de 1,80 metro?!)

Ouça, tenho experiência de vida. Embarco em viagens de carro com amigos de infância. Eu... trabalho. Mas passo a maior parte do tempo escrevendo, sendo espirrada no metrô por uma pessoa alta ou assistindo à TV. Então, quando de repente me vejo sem companhia para conversar sobre minhas teorias ou crushes de seriados, isso torna a ausência de alguém extremamente óbvia, de um jeito que seria raro de outra forma.

A propósito, não é apenas *The Leftovers*. Algumas outras expressões artísticas que me lembram que vou morrer sozinha: a franquia *Velozes e furiosos, Mais um verão americano*, os filmes de Martin McDonagh, o fato de que Martin McDonagh é gato. Martin McDonagh: problemático, com certeza. Mas também gato!

Se você é descolado e solteiro e quer conversar comigo sobre qualquer desses tópicos, por favor, fique à vontade para me encontrar no app de encontros Twitter.

Reatando

Um dos princípios do Crone Collective, um misto de coletivo artístico/coven/produtora de eventos de que sou codiretora, é: "As pessoas sempre fazem exatamente o querem fazer". Ouça: isso é a coisa mais genial que jamais vai aprender. Podia encerrar um livro completo de filosofia em si mesma. As pessoas SEMPRE FAZEM O QUE QUEREM FAZER. Eu poderia citar alguns filósofos brancos para convencer você, ou você pode só refletir por uns dois segundos e chegar à conclusão de que, sim, as pessoas sempre fazem o que querem fazer. (Isso é especialmente verdade para os homens, que não foram doutrinados em autossacrifício e ensinados a se submeter a uma estrutura social opressora.)

Desde que aprendi esse conceito com minha coexecutiva do Crone, Madelyn Freed, tento pensar sobre o assunto quando temo ter forçado alguém a sair comigo, muito embora a pessoa me odeie e preferisse estar em qualquer outro lugar do mundo, até mesmo, tipo, assistindo à CNN em um loop de 24 horas enquanto está com fome, mas não consegue decidir se quer comer algo salgado ou doce. Nesses momentos, digo a mim mesma: todo mundo sempre faz o que quer fazer, e essa pessoa está comigo porque quer.

Infelizmente, as pessoas também estão fazendo o que querem quando terminam com você. Um homem termina comigo porque quer terminar comigo. Eu, uma mulher cuja robusta autoconfiança foi regada a músicas de Spice Girls e livros de Caitlin Moran, sou capaz de aceitar isso por mais ou menos uma semana antes de me convencer de que o homem em questão cometeu um erro. Articulei, palavra por palavra, a frase "Tenho certeza de que ele não sabia o que queria, então vou lhe dar outra chance". Ou seja, eu, a pessoa que tomou um pé na bunda, vou dar uma chance à pessoa que me deu um pé na bunda. Na minha mente, estou lhe dando a chance de fingir que jamais terminamos, mas, na verdade, estou lhe dando a oportunidade de terminar comigo outra vez.

Acho que sou capaz de me convencer de que pessoas "cometeram um erro" porque minha interpretação de "vibes de flerte" é muito ampla. E para ser completamente justa comigo mesma, não é que *não* funcione. Dê a pessoas que costumavam gostar de beijar você a oportunidade de fazer isso de novo e, com frequência, é o que vão fazer. Talvez só estejam a fim de alguém para beijar, ou talvez ainda estejam naquela fase do término em que preferem estar beijando você numa saudável percentagem de tempo. Mas descobri que no fim das contas fica claro que terminaram com você porque era o que queriam fazer, não porque foi um erro, e ao lhes dar outra chance, você está apenas atraindo mais sofrimento para si mesma e para todo mundo que precisa lidar com os dois.

E mais: a vida é curta. Tenho certeza de que vou morrer jovem devido a anos de arrogância vegana e por nunca ingerir proteína, ou por causa de uma guerra termonuclear depois de um tuíte idiota às três da manhã, ou com o desabamento do meu teto depois que meu vizinho de 28 anos, um Edgar Allan Poe louro, der uma festa Muito Descolada. Então não há mesmo tempo disponível para embarcar em um relacionamento com alguém que não esteja empolgado com a ideia. E EU SEI, você está pensando, tipo, "NINGUÉM quer me beijar, e eu quero beijar QUALQUER UM minimamente disposto, mesmo que INDIFERENTE". Já passei por isso! Entendo que as pessoas achem que a escolha gira entre beijar alguém muito entusiasmado em beijar você ou beijar alguém que não quer muito beijar você (uma escolha óbvia), quando é, na maioria das vezes, entre beijar alguém que acha toda a situação meio blé ou não beijar ninguém.

Entendo o impulso de beijar alguém não muito a fim de você. Mas mate a vontade e vá fazer algo melhor com seu tempo. Porque a verdadeira escolha é entre beijar alguém que é meio blé quanto a você ou ler um livro ou visitar as montanhas Pocono, sentar em uma cadeira de balanço de 8 metros de altura e pensar: uau, as pessoas costumavam ser bem mais altas.

Amnésia amorosa

Você já achou mensagens antigas com flertes ou, Deus me livre, cartas de amor, e simplesmente ficou curiosa por já ter se sentido assim quanto àquela pessoa? Chama-se amnésia amorosa: quando você desapegou em tal nível que não pode mais invocar nem um fiapo do amor que costumava sentir por alguém.

Percebo esse sentimento com mais frequência quando tropeço em longos e-mails que mandei para crushes, com críticas (solicitadas) sobre seus textos. Houve um tempo em minha vida em que eu escrevia PARÁGRAFOS, frases completas com pontuação e letras maiúsculas onde necessárias para homens, com conselhos pertinentes a fim de que melhorassem sua péssima escrita. Agora que sou uma feminista muito ocupada de 500 anos, não faço mais isso. Para começo de conversa, porque não quero usar qualquer parcela de poder que conquistei no cenário da comédia para ajudar UM HOMEM. Os homens já estão se dando bem. Então, atualmente, mesmo quando o homem que me pede um parecer é muito gatinho, mesmo se é um peguete, apenas digo "Eu limparia o início e cortaria o que não for piada". Sério, esse conselho está correto cem por cento das vezes. Algum dia, provavelmente, meu príncipe virá e, em vez de me beijar e me acordar de um sono encantado, saberei que ele é O Cara Certo porque vai pedir minha opinião e estarei apta a dar.

Mas, por enquanto, é muito estranho ler e-mails de uma versão de mim que na época queimava com uma emoção que não mais me recordo de ter sentido. De certo modo, é legal saber que eu costumava sentir um anseio ou dor que não mais me afeta. Por outro lado, faz eu me sentir muito velha e morta por dentro. Tipo: Ah, meu Deus, eu era capaz de tanta emoção! Costumava ser tão livre e generosa com meu amor e admiração e leituras críticas de um modo que jamais serei de novo! Penso em como fiquei obcecada por um garoto durante todo o ensino médio e sei que jamais ficarei tão surtada por outro cara, a não ser que faça uso de algum método contraceptivo que mexa com meus hormônios de modo talvez letal.

Não sentir nada é melhor que se sentir uma merda toda vez que escuta um velho recado de voz deixado por um cara enquanto você fazia xixi, no qual ele diz que quer que você o empalhe como um velho urso cinzento quando morrer e, então, o coloque na sala para espantar seus pais. É bem melhor que sentir uma cólera abrasadora ou mágoa sempre que pensa em alguém. Entre sentir uma amargura reticente ou choque por minha total ausência de sentimentos, prefiro não sentir nada.

Ah, haha, costumávamos nos pegar

A meta que muitos dizem desejar alcançar é ficar amigo do ex. Mas, tipo, como? A amizade — respeito mútuo e bons sentimentos e ausência de tensão sexual — é um bolo fácil de desandar quando os ingredientes incluem raiva e mágoa, pelo menos de um dos lados, como também, talvez, muito amor residual e tesão um pelo outro. É possível ter uma amizade tão normal com um ex de quem você fala para amigos que não têm ideia: "Ah, haha, sim, a gente costumava se pegar há um milhão de anos"?

"Ex" é uma palavra meio forte para mim e talvez, tecnicamente, pouco apropriada: quando digo "ex", falo de homens que peguei por um período de tempo entre, digamos, uma vez e poucos meses. É possível que estivéssemos envolvidos *emocionalmente* por mais tempo que isso, mas nunca namoramos oficialmente, então podemos ser oficialmente ex? É mais fácil que entrar em uma explicação de meia hora antes de fazer um comentário chato e inesperado sobre alguém que peguei duas vezes em 2015. Dito isso... Acho que sou uma pessoa bem boa para se ter pegado! (Falei isso pra alguém recentemente e a pessoa me disse que não podia me pegar porque tínhamos "muitos amigos em comum, e se desse errado?". Isso não o convenceu!) Mas acho que meu histórico de amizade com peguetes é bem bom.

Embora tenha arrancado dos homens que projeto uma aura de hecatombe, General-Sherman-marchando-para-o-oceano — um homem me disse que não queria ser "um dos caras com quem você deixou de falar" —, só cortei relações com dois ex. O primeiro caso foi claro e deliberado, e o outro, meio que no automático depois que ele me deu um perdido, mudou para o outro lado do país e então me mandou um convite no LinkedIn. Sinceramente, nem sei como isso aconteceu, porque não lembro de ter um perfil no LinkedIn. Alguns caras mal passaram por minha vida antes de nos pegarmos e mal estão em minha vida agora que não nos pegamos mais. Uns dois habitam aquele confortável território da amnésia amorosa, em que me parece loucura já ter salivado por eles e me preocupado com eles, e agora basicamente sinta carinho. E alguns desses homens não eram nada para mim antes de nos pegarmos e agora são meus amigos bem próximos.

Sou *muito* grata pelos homens da minha vida, e como pais divorciados sempre falam sobre os filhos [olha melancolicamente para uma nuvem por cinco segundos], "Não me arrependo de nada, pois tive Michael". Mas isso não significa que o modo como cheguei da pegação à amizade foi saudável! Basicamente aconteceu porque nos beijamos algumas vezes, e aí passei um tempo absurdo — tipo, quase um ano em certos casos? — em negação de que tínhamos mesmo nos beijado pela *última* vez. Você, pessoa inteligente e devidamente ajustada: "Como pôde passar tanto tempo ignorando que o cara não estava a fim de você?". Bem, pensei que talvez ele *quisesse* me pegar, mas eu estivesse muito ocupada para sair (escrevo o tempo todo, faço muitos shows, passo uns bons cinquenta por cento dos fins de semana fora da cidade), ou ele estivesse muito ocupado para sair (sinto atração por pessoas ocupadas: sou sagitariana e preciso fazer parte de um casal poderoso). Esses caras e eu *saímos* uma ou duas vezes por mês, talvez, e muito embora eles jamais tenham me beijado, sempre encontrei um modo de racionalizar tudo. (Ele TINHA que pegar um Uber para atravessar o Brooklyn porque estava cansado, e ele não podia me dar um beijo de despedida porque uma de suas ex poderia ver do outro lado do quarteirão!) (Agora, em retrospecto, eu me convenci de novo!) Além do mais: às vezes você começa, *de fato*, a pegar alguém novamente depois de uma longa pausa. Já me aconteceu talvez... três vezes. Tudo isso para contar que, quando aceitei de verdade que esses caras jamais, em sua longa vida, iam querer me beijar de novo, inocentemente eu havia construído os alicerces do que já havia se tornado, de modo surpreendente, uma amizade bem sólida.

A ideia de que continuar amiga de um ex é um objetivo nobre não parece uma unanimidade, como eu supunha. "Não acho que obrigatoriamente seja", explica meu amigo Paul Gale. "Às vezes são pessoas insistindo em uma relação por mais tempo do que deveriam." Paul apresenta um argumento bom e sólido. Na maioria dos casos, para *mim,* pessoalmente, não acho que os homens estivessem insistindo por mais tempo do que deveriam. Quando foi o caso, parecia ter relação *direta* com o fim de tudo. Fui informada de que o romance não fazia parte do pacote, então o cara continuou querendo passar tempo comigo enquanto projetava uma aura fraca, mas ainda radioativa, de tensão sexual. (Meu contador Geiger de tensão sexual *sempre* capta traços residuais, mas estou falando dos casos em que apita de modo insistente *ding ding ding.*) (Na minha opinião, contadores Geiger fazem um som de "ding ding".) Meu problema com essa vibe de flerte emanada por homens que disseram que não queriam me pegar não tinha a ver com estarem me dando mole, e sim com o fato de me dizerem que essa tensão que eu estava captando não existia de fato. (Existia. Quem se importa?)

Vou me adiantar e dizer que tudo isso vale a pena! Sério, ficar amiga de verdade de alguém que você costumava pegar é o máximo. Antes de mais nada, um dos motivos pelos quais eu quis ficar com essa pessoa é porque ela é legal! Só porque o cara não quer mais me beijar não significa que deixou de ser gente boa. Desfrutar desses homens sem aquele elemento sexual é bem legal. É divertido e hilário encará-los como seres humanos, não como interesses amorosos cujos defeitos você ignora pelo máximo de tempo que puder. É um alívio sair com eles sem precisar parecer gata e interessante! Meu amigo Zach Zimmerman diz que melhores amigos gays tiram o sexo do caminho bem rápido. "É animador que um par hétero também possa!". Às vezes é estranho para mim, porque estou, tipo, tramando para transar com algum de seus amigos, mas acho que tem a ver com minha tendência de supor que as pessoas sentem mais emoções do que sentem. (Talvez tudo isso se resolvesse se na hora e meia até o trabalho eu escutasse podcasts em vez de escutar Joni Mitchell e ficar imaginando as emoções que todos [não] estão sentindo.) Se você for capaz de chegar ao ponto em que seus sentimentos por alguém se tornam platônicos — mesmo que, às vezes, como eu, capte flashbacks delirantes de "vibes de flerte" —, recomendo fortemente.

Como conseguir o corpo perfeito para a vingança

Passo um: tenha um corpo.

Passo dois: use-o para apunhalar seu ex.

7 SOLTEIRICE

Árvore completa

Apesar dos meus esforços para nunca permitir que homens aleatórios conversem comigo, algo que um homem aleatório falou para minha família e para mim se tornou um lema da vida. Quando eu era mais nova, minha mãe reuniu a família para nos levar a um lugar para adotar um gato. Acabamos nos apaixonando por dois gatos, irmão e irmã, que batizei de Kimi e Chuckie, em homenagem ao Rugrat ruivo e sua irmã adotiva parisiense (??). Enquanto adotávamos os bichos, um cara qualquer viu o que fazíamos e, sendo o homem branco que era, se sentiu no direito de comentar. "É bom que estejam levando os dois", disse ele. "Sozinhos, jamais seriam uma árvore completa." Sinceramente, foi algo ridículo a se dizer sobre dois gatos, mas a expressão "árvore completa" se tornou parte do vernáculo da minha família desde então. Usamos a expressão para denominar alguém autorrealizado, uma pessoa completa por si só e operando em plena capacidade. Agora compreendo que, como uma mulher solteira, sou uma árvore completa.

Vivenciar o amor romântico é definitivamente uma experiência de vida incrível, mas não significa necessariamente um pré-requisito para se tornar uma árvore completa. Frida Kahlo disse que "Não é amor, nem ternura, nem carinho, é a própria vida"; algum cara aleatório disse que "Você não é ninguém até alguém amar você". (Wikipédia diz que esse cara qualquer é Russ Morgan, Larry Stock e James Cavanaugh, por volta de 1944.) Todos estavam errados. Ou talvez Frida estivesse parcialmente correta: o amor é algo grandioso e excitante na vida de uma árvore, e se empolgar com QUALQUER COISA é, em essência, o objetivo da vida. Mas se apaixonar não legitima você como uma árvore completa e não quer dizer que *Ah, meu Deus, agora eu *enfim sei* o que é ser uma árvore!* É fácil acreditar que o amor É vida quando (a) você é uma mulher que foi ensinada que PRECISA encontrar um homem para se sentir completa — porque isso serve aos propósitos nefastos do patriarcado — e (b) você é um ser humano em uma era cada vez mais laica, na qual dificilmente vai alcançar um senso de identidade por meio da religião.

Além do mais, qualquer pessoa verdadeiramente empenhada em se envolver romanticamente com outra árvore vai amargar extensos períodos de tempo sozinha, irritada com o parceiro, irritada com todos os seus sete parceiros. O show do poder tem que continuar, você pode contribuir com uma fala, mas não pode medir seu valor pela possibilidade de morrer ou não nos braços do seu marido gato.

Às vezes me pergunto: eu poderia ser *mais feliz*, uma árvore *mais completa*, se tivesse um namorado? Não é uma questão muito empoderada, e não ajuda de forma alguma, mas é algo que já senti e sobre o qual divaguei, apesar de tudo. (Embora funcione também ao contrário: meu atual estado de espírito tem mais a ver com "Estou estressada, mas aposto que estaria AINDA MAIS ESTRESSADA se tivesse um namorado!") É o mesmo princípio que leva mulheres a dizerem que jamais se imaginaram inundadas de tanto amor até que tivessem dado à luz e sentido sua capacidade amorosa se expandir de modo bizarro. Desconfio de que o mesmo poderia acontecer a minha capacidade de ser feliz, desde que com o parceiro ideal. Tipo: dizem que o dinheiro não traz felicidade, mas estudos provam que isso só é verdade quando se tem o mínimo para viver com dignidade. Existe um montante de amor romântico, algum limiar que você precise ultrapassar para atingir um padrão de felicidade? Um namorado? Um marido? Dois maridos?

Talvez dois maridos te façam mais feliz por um tempo, mas você e eu e qualquer outra pessoa já estamos rondando nosso padrão de felicidade (isso é chamado de "ponto decisivo de felicidade" e tem sido descrito por psicólogos desde os anos 1970). Então: você, nesse instante, é uma árvore completa. Não precisa estar apaixonada para ser considerada um ser humano. Veja — você já É um ser humano, é real! Se tem alguma coisa de especial no mundo, é você, um monte de neurônios tresloucados gravitando em um corpo, vivenciando a chance de passar não menos de setenta e não mais de noventa anos nadando e ouvindo One Direction e rindo com sua família e implorando a seu pai que pare de explicar improvisação para você por telefone. Por esses anos, e se Elon Musk for bem-sucedido em sua maníaca empreitada, por muitos milhares de anos como uma consciência incorpórea na nuvem, você começa como uma árvore completa e apenas explora o tipo de árvore que é. Quando descobrir, é só focar em se tornar a melhor versão dessa espécie de árvore!

Prosa antes da foda

Esse é um lema que fui induzida a creditar na conta de um antigo crush, mas descobri que existe em milhares de camisetas, canecas e sacolas que você pode comprar em www ponto internet ponto com. A frase representa a primazia da escrita sobre a pegação. Isto é: sou solteira porque não tenho tempo para namorar, porque estou sempre em casa escrevendo sobre ser solteira.

Historicamente, tem sido bem mais fácil para um homem acumular uma carreira literária sólida e um relacionamento romântico sério, porque sua parceira faria todo o trabalho doméstico de apoiar as duas coisas. Pegue, por exemplo, Véra Nabokov, Nora "Mulher de James Joyce" Barnacle, toda mulher que cruzou o caminho de Gustave Flaubert. Basicamente, qualquer babaca podia resolver se tornar escritor e não teria que se preocupar com limpar a casa e cozinhar e tomar conta das crianças. Ele nem precisaria digitar as páginas! A história está repleta de homens geniais andando de um lado para o outro enquanto esposas e filhas anotavam ou datilografavam o que diziam. Isso porque, como falo sempre e como pode ser legalmente provado, todo homem é iletrado.

Para as mulheres, a decisão de priorizar a escrita é muito mais difícil e muito mais radical. Teriam de abdicar do casamento (Emily Dickinson, Jane Austen) ou ter um marido excepcionalmente liberal (Virginia Woolf). E, óbvio, havia muito mais obstáculos a superar para qualquer mulher que não fosse rica e branca. No entanto, é mais fácil hoje em dia, e se torna cada vez mais fácil, apesar dos esforços de Mike e Karen ("Mãe") Pence.

Roger Ebert descreve com excelência essa priorização do trabalho criativo em detrimento do amor em sua crítica a *Nos bastidores da notícia*, cuja existência chegou até mim através de um excelente artigo de Haley Mlotek para o *The Ringer*. Ebert diz que o filme é "sobre três pessoas que brincam com a ideia de amor, mas estão obcecadas com a ideia de fazer televisão" e que James L. Brooks é um dos únicos diretores que "sabem como algumas pessoas têm prioridades mais importantes que o amor e medos mais profundos". Talvez eu prefira ficar em casa em vez de aceitar o convite para um show do Destroyer porque amo o controle que exerço sobre minha escrita, o que não replico no universo do namoro. Mas tenho fé de que fico em casa porque tenho prioridades mais importantes que o amor! E medos mais profundos (a morte térmica do universo)!

Será que minha filosofia "Prosa antes da foda" me priva de namorados? Bem, não acho que eu esteja realmente perdendo namorados por limitações de tempo. Não estou exatamente listando caras gatos para minha assistente pessoal enfiar na minha agenda. Talvez minha vibe "obcecada pela ideia de fazer televisão" seja brochante — é bem possível que minha aura alerte os homens de que meu coração puro prioriza escrever piadas estruturais em vez de ser sempre uma companhia divertida e gata.

Mas tenho certeza de que o fato de ser uma mulher que escreve sobre o amor está me custando namorados. Um sujeito que peguei algumas vezes me disse na lata, em mais de uma ocasião, que o tipo de coisa que escrevo é intimidante e que ele entendia por que os homens hesitavam em sair comigo (ele usou o termo "homens" mas queria dizer "eu, especificamente, desculpe"). Embora, por outro lado, um cara já tenha me dito que eu deveria pegar ainda mais pesado com os homens em meu livro do que pretendia. Presumi que ele não tinha se dado conta de que *ele* estava no livro, mas quando decidi avisar, o cara redigiu e assinou uma minuta de contrato, prometendo não se irritar com "re: nenhum lance de livro". Uma cantada bem ousada!

No fim das contas, quem se importa? Quer dizer, com certeza um monte de coisas que faço afasta namorados, e pelo menos escrever é algo que tanto valorizo quanto adoro. Como Lady Gaga disse: "Algumas mulheres escolhem seguir homens; outras, seus sonhos. Se está pensando qual caminho tomar, lembre-se de que sua carreira jamais vai acordar e dizer que não te ama mais".

Conforto

Ser solteira é confortável. Quando estou solteira, não preciso usar maquiagem nem ajeitar o cabelo, e quando chega março e todo mundo desfila seus vestidos curtíssimos, congelando a bunda, posso simplesmente vestir um suéter e a calça moletom da campanha de Hillary (descanse em paz) que não me favorece. E tudo bem.

Recentemente descobri que você pode fazer as mesmas coisas quando está namorando, em especial depois que já estão juntos há certo tempo e se conformaram com o fato de que um percebeu que o outro é um ser humano normal. Tenho a impressão de que mostrar a um homem a textura natural do meu cabelo é um grande passo na relação, mas também: a maioria dos homens que peguei já conhecia minha aparência antes de eu desenvolver uma paixonite e decidir que eu precisava ficar bonita quando encontrava com eles! Fui lembrada do fato há pouco ao levar um novo crush ao meu apartamento pela primeira vez. Eu estava com um vestido vermelho decotado, cabelo com babyliss, rímel e me sentia bem comigo mesma até ele se aproximar do armário, apontar para minhas camisas de flanela e dizer "Essa é a parte que você mais usa". *COMO ELE ADIVINHOU!?!?!*, pensei, antes de me lembrar que já nos conhecíamos por uns bons dois anos antes de eu decidir que ele era gato.

Mais que o conforto físico das calças de elástico e a possibilidade de coçar os olhos sem acabar igual a um guaxinim, o conforto de ser solteira tem mais a ver com ser capaz de fazer o que quiser, quando quiser, sem precisar levar em conta a agenda ou os desejos de outra pessoa. Você pode comer quando quiser sem pensar se seu parceiro gostaria de comer algo mais tarde; não precisa deixar uma noite em aberto porque é a única noite que ele tem de folga; se decidir, no último minuto, que não quer mais pegar dois trens e gastar uma hora para chegar a uma festa, você não tem obrigação de ir só porque está pegando o anfitrião!

Esse tipo de conforto também pode ser obtido independentemente do status do seu relacionamento. Só é preciso estabelecer alguns limites e dizer "Preciso de algum tempo para cuidar de mim e fazer o que me der na telha, bostorra". (Isso é "autocuidado"? Acho que é provável que seja? Mas temo o uso constante do termo, especialmente como mulher branca. Quando Audre Lorde, uma mulher negra e lésbica, disse que "Cuidar de mim mesma não é autoindulgência, mas autopreservação, e isso é um ato de guerrilha política", não acho que estivesse falando de enfiar um ovo de jade de 66 dólares em sua vagina.) Mas se quer uma noite sozinha, pode literalmente mandar seu amado, por favor, dar um tempo. E devagar se vai longe! Quando dividia apartamento com amigos, achava que minha introversão era infinita, que eu nunca teria tempo suficiente sozinha para me sentir completamente descansada. Então vivi sozinha por, tipo, trinta horas. Agora passo todo o tempo resmungando e falando que "Sinto falta dos meus amigos".

Quando menos se espera

Todo mundo fala que você vai encontrar o amor quando menos esperar. Tipo, sério, pessoas de verdade, na vida real, jogam essas exatas palavras na minha cara desde que eu estava no ensino médio. E eu respondia, tipo, "Hmm... Ok, estou mesmo focada em entrar em uma boa faculdade!". (Uma mentira deslavada; eu dividia o foco entre passar para uma boa faculdade e convencer o crush a me convidar para sair.) (Bizarro que ser admitida em Harvard seja mais fácil do que fazer A*** P******* se apaixonar por você.)

Mas "você vai encontrar o amor quando menos esperar" — o que isso sequer significa?! — é uma coisa muito escrota para se dizer a alguém! É uma frase cujo único propósito consiste em policiar mulheres para que fiquem calmas, muito embora sejamos condicionadas a sempre procurar um homem. Ela diz às mulheres para não prestar atenção nas pessoas interessadas nelas e não ir atrás das pessoas que elas acham interessantes. O que é um jeito bem ruim de se encontrar o amor. Tipo, leve o argumento ao pé da letra. Eu não espero encontrar o amor presa em uma caverna escura como breu que explorei em uma exposição fotográfica da *National Geographic*. E sinceramente: duvido que exista algum cara gato, disponível emocionalmente e também preso em uma caverna! "Você vai achar o amor quando menos esperar" é basicamente uma sinuca de bico criada pelo patriarcado, meio na linha de "O que a torna bonita" é, na verdade, ser ignorante da própria beleza. (Embora eu admita que depois de assistir a Harry Styles cantar "What Makes You Beautiful" em um estilo meio folk no show, minhas teorias sobre a natureza problemática da letra estão *evoluindo*.)

Esse argumento só faz sentido se todo mundo, *de algum modo*, encontrar o amor — caso a busca pelo amor seja um elemento determinante na vida de cada pessoa no planeta. Nesse caso, claro, talvez o amor aconteça quando você não estiver procurando. Quando eu era uma garotinha, muito nova para namorar, acreditava que com certeza me apaixonaria dentro de alguns anos: porque foi o que cada peça de mídia que eu já havia consumido (na maioria, filmes de princesa da Disney e *Mens@gem para você* quinhentas mil vezes seguidas) me ensinou. Quando cheguei ao ensino médio, ainda pensava igual, mesmo quando meus amigos começaram a namorar e continuei sozinha. Afinal, basicamente mantinha um romance sentimental com o capitão do time de futebol americano — não era minha culpa se ele também namorava uma das jogadoras padrãozinho de hóquei na grama! Eu estava colada no amor; parecia bem possível que se apenas parasse de esperar e de prestar atenção, eu tropeçaria em uma situação romântica viável.

Mas conforme o ensino médio dava lugar à faculdade e eu, de maneira milagrosa, conseguia escapar incólume do amor, parei de ansiar pelo sentimento, verdadeira e genuinamente. Porque, no fim das contas, se você passa todo o tempo fazendo o dever de casa ou produzindo um show de comédia, nunca se colocando em situações em que as pessoas podem encontrar um parceiro romântico (festas, bares) e jamais se considerando atraente, é bem fácil não conhecer ninguém, ou pelo menos ninguém que considere você uma namorada em potencial. E NO ENTANTO! Ainda assim! Passei quatro anos "sem esperar" encontrar o amor... E AINDA NÃO ENCONTREI!

Agora estou atravessando um período de dissonância cognitiva: não espero que o amor caia em meu colo porque não espero que nada caia em meu colo, a não ser, talvez, água nojenta de ar-condicionado e cocô de pombo, e, sinceramente, as duas coisas têm mais probabilidade de cair em meu cabelo recém-alisado com secador. Por outro lado, espero SIM encontrar o amor, porque, convenhamos: sou linda e engraçada! Só suponho que vou ter que meio que fazer um esforço. Percebi que a máxima "quando menos se espera" pode ter sido verdade no tempo em que as pessoas se casavam muito jovens; quando se é adolescente, o governo determina que deixe sua casa e vá até um prédio onde você interage com outros adolescentes 180 dias por ano. Mas como uma mulher adulta e solteira — uma do crescente número delas —, sei que só vou encontrar o amor se me abrir emocionalmente e for atrás de homens ao vivo, ou pelo menos pelo celular. Então não diga "Você vai encontrar o amor quando menos espera" a ninguém, muito menos a mulheres solteiras. Para nós, significa apenas um "Não se desespere".

8

TRANSFOR-MANDO EM ARTE

Fazendo arte inspirada em seus relacionamentos

Mulheres escritoras se inspirando em seus relacionamentos são vistas como doentes e são punidas e diminuídas de maneiras verdadeiramente absurdas. É quase como se vivêssemos em uma sociedade patriarcal em que cada aspecto da cultura é concebido para usurpar o poder das mulheres!

Quero falar um pouco sobre Taylor Swift, embora ela tenha se tornado o que as crianças (gente com 35 anos na internet) chamam de "treteira favorita". Ela é uma mulher branca padrão, com uma criação muito privilegiada, que passou boa parte de sua carreira pré-*Reputation* bancando a vítima. O que compreendo! Pessoas ricas e bonitas e brancas têm o direito de se sentir tristes e vitimizadas em sua vida pessoal. Só porque você é privilegiada, não significa que sua vida é perfeita, como muitos homens brancos já berraram para mim. Mas Taylor bancando a vítima se tornou dissonante quando ela usou essa postura para negar, intencionalmente, o racismo estrutural (veja sua resposta à crítica de Nicki Minaj ao VMAs por só nomear vídeos de "mulheres com corpos supermagros"). Isso não é legal! Talvez você devesse passar umas horas no Tumblr, Taylor! Quem sabe ler um pouco de bell hooks!

Ultimamente tenho tentado sentir mais empatia por ela, porque todos fazemos coisas estúpidas em nossas vidas e o mundo está mudando muito rápido, pode ser duro ver como também precisamos mudar. E embora eu não tenha conseguido, por um longo tempo, ouvir as músicas dela depois que Taylor falhou em usar sua vasta plataforma para denunciar Donald Trump, fazendo com que eu a colocasse na minha lista de "Pessoas Responsáveis pelo Resultado das Eleições de 2016" (também listados: Vladimir Putin, James Comey, Dean Baquet, Donald Trump), há pouco tempo ela, enfim, incentivou MESMO seus fãs a votar, e a votar nos democratas. ENTÃO: por vezes me senti bem frustrada com Taylor Swift, ASSIM COMO me senti inspirada por sua vulnerabilidade e facetas emocionais e também pelo modo como lidou com a reação negativa que essas coisas despertam.

Se por milagre você perdeu a cobertura de imprensa da iniciativa Toda Criança Tem o Direito de Conhecer Taylor Swift, saiba que Taylor consolidou a carreira com sucessos comerciais e (em geral) críticos sobre sua experiência como jovem mulher que sente atração por homens. Isso incomodou muita gente de tal modo que cabelos pegaram fogo e a única cura foi a obsessão da mídia pela vida amorosa de Taylor, chamando a cantora de louca dos relacionamentos e carente e psicopata. Em uma matéria de capa da *Vanity Fair* em 2013, Nancy Jo Sales perguntou a Taylor se ela era a louca dos relacionamentos (especificamente depois de Taylor ter declarado que não era a louca dos relacionamentos, e sim a louca do trabalho). Taylor respondeu: "Escrever sobre os próprios sentimentos como mulher e então ser vista como uma namorada louca, grudenta e desesperada para casar e ter filhos acredito que seja tomar algo que deveria ser enaltecido — uma mulher que coloca seus sentimentos em palavras — e deturpá-lo, transformando o discurso em algo que, francamente, é um pouco sexista".

Por mais que, desde 2013, Taylor tenha mercantilizado o feminismo visando o próprio lucro e o de mais ninguém, essa declaração me soa tão verdadeira. Essa declaração mudou minha vida!

Existem também mulheres como Joyce Maynard, que são chamadas de narcisistas e oportunistas por escreverem sobre a própria vida. Seguindo essa linha de raciocínio, o fato de que J.D. Salinger era amado e um notório recluso significa que ele mereceu mais o que aconteceu entre os dois do que Joyce, apesar do acontecido ser que Salinger (um dos mais famosos autores do país, então na casa dos 50 anos) coagiu uma aspirante a escritora de 18 anos a abandonar tudo e embarcar em um relacionamento sexual em sua casa de New Hampshire. O que, como você vai logo perceber ou está em uma jornada para perceber daqui a 5 ou 10 anos, é extremamente escroto!! Tamanho desequilíbrio de poder NÃO É OK! Pode ser juridicamente legal, mas é muito, muito nojento. A obsessão de Salinger com privacidade parece bem menos peculiar quando você descobre que ele manteve um padrão, sexual e emocional, ao longo da vida de casos impróprios com adolescentes. "Para Esmé — com amor e sordidez" não é tão fofo quando você se dá conta de que Salinger provavelmente queria trepar com Esmé! Sylvia Plath também foi chamada de narcisista enquanto viveu. Certa vez, um cara se referiu a minha arte como narcisista, mas era uma cantada. A cantada não foi bem recebida!

Enfim — o ponto é — as mulheres são donas do que acontece a elas, mesmo que essas coisas tenham acontecido entre elas e homens bem mais poderosos e conhecidos. Escrever sobre essas coisas não as torna narcisistas.

E ENTÃO existem as pessoas que surtam porque têm plena convicção de que mulheres que escrevem sobre seus relacionamentos estão se expondo muito. Essa preocupação me parece uma fraude porque jamais ouvi falar de homens preocupados com a exposição exagerada de Jack Kerouac nos quinhentos mil livros que ele escreveu sobre si mesmo e os amigos. Os homens simplesmente dizem "Sim, isso é ótimo, todo cara de 18 anos devia ler para aprender como pegar a estrada numa viagem bem entediante e como tratar as mulheres feito lixo". O mesmo vale para Karl Ove Knausgård e os quinhentos mil romances que ele escreveu sobre si mesmo e... seu cereal matinal? No entanto, na biografia de Joni Mitchell, *Reckless Daughter*, David Yaffe escreve sobre como certa vez Kris Kristofferson aconselhou Joni a compartilhar menos de si mesma em sua arte. (Louco que tenha havido um tempo em que um ser humano se sentia no direito de dar conselhos a Joni Mitchell. Ainda mais louco que eu tenha certeza de que ainda existem muitos homens que se sentiriam muito tranquilos em fazer isso!) Joni disse de seus contemporâneos: "A vulnerabilidade os aterrorizava".

O outro lado da moeda do pânico moral "VOCÊ É LOUCA E ESTÁ ARRUINANDO SUA VIDA COM ESSE TIPO DE ESCRITA" aparece quando a arte feita por mulheres com base em seus relacionamentos é chamada de "empática". "Empática" é uma palavra muito sexista que os homens usam para descrever a literatura feminina a fim de diminuí-la. Insinua que, quando uma mulher escreve sobre experiências com as quais as pessoas se identificam, é algo piegas e raso, desprovido de mérito literário e baseado apenas em reconhecimento. Como quando um comediante faz uma piada sobre as batatas Pringles e o povo ri apenas porque, tipo, "Como Pringles também!". Mas, quando um homem escreve sobre experiências com as quais as pessoas se identificam, isso confirma a máxima de David Foster Wallace: "a literatura de ficção fala sobre como é a porra de um ser humano".

Basicamente, mulheres escrevendo sobre seus relacionamentos são vistas como patológicas (como se cada pessoa de cada identidade de gênero não fosse patologicamente levada à loucura não apenas pelo amor como também pelo cotidiano) OU vistas como frívolas (não só porque escrevem sobre o amor em vez de sobre as Guerras Napoleônicas! Quando homens escrevem sobre amor e relacionamentos, os outros homens elogiam [aplausos, devagar se levanta e aplaude mais alto enquanto *quase* chora], "Foi tão corajoso"). Esse repúdio é o modo como a sociedade impede as mulheres de falar sobre as estruturas de poder que permitem aos homens oprimi-las em um ambiente íntimo.

E a cereja do bolo: como uma mulher consegue se expressar artisticamente e fazer trabalhos brilhantes *sem* explorar suas experiências pessoais, BOSTORRA? A arte é melhor quando específica! É mais divertida: o exemplo clássico que aprendi em quinhentas aulas diferentes de improvisação é que dizer "carro" tem menos graça que dizer "Toyota Etios". Eu achava esse exemplo meio fraco até que dois membros de minha equipe de humoristas escreveram um quadro sobre um executivo que via um carro na rua e ficava obcecado. Em suma, o esquete consistia em repetir "Mazda Miata" por oito minutos; foi um sucesso.

A experiência pessoal empresta à arte um senso de risco emocional. Veja *A difícil arte de amar*, da Nora Ephron. É um filme (inspirado em um livro, mas estou falando do filme) sobre uma mulher cujo marido jornalista a traiu dirigido por uma mulher cujo marido jornalista a traiu. Na verdade, essa crueza emocional eleva o filme de um modo que só é superado pela cena em que Meryl Streep está jogada em um sofá, com um vestido de noite, comendo pizza. Como dizem as crianças: icônico! Climão! Mãe! Socorro!

Não são apenas mulheres "empáticas" que acreditam que casos pessoais resultam em boa arte. Veja o exemplo do reconhecido cara branco que se formou em Princeton, F. Scott Fitzgerald. Em uma carta ao aspirante a escritor Frances Turnbull, publicada em *F. Scott Fitzgerald: A Life in Letters*, ele escreveu: "Temo que o preço de escrever profissionalmente seja bem mais alto do que você está preparado para pagar no momento. Você precisa vender seu coração, suas mais intensas respostas, não as pequenas coisas que mal o atingem, as pequenas experiências que você contaria no jantar".

Então, de acordo com F. Scott Fitzgerald, se uma mulher não escreve sobre as próprias experiências e emoções, jamais fará arte de qualidade. E de acordo com toda a sociedade, se, *de fato*, ela escrever sobre essas coisas, está sendo louca ou egoísta ou "empática". A coisa mais surtada sobre esse conselho é que "Scott" ou "F." ou "Fran" ou seja lá como as pessoas o chamavam com frequência roubava as emoções e experiências de sua esposa, Zelda, bem mais interessante e descolada! E quando ela tentou reivindicar essas coisas e escrever ela mesma sobre o assunto, Scott a chamou de louca e a jogou em um manicômio. ONDE ELA MORREU EM UM INCÊNDIO. Por favor, leia *Heroines*, de Kate Zambreno, para saber mais sobre isso. Não leia mais nenhum livro escrito por um homem até lá!

Mas vou dizer... odeio quando alguém faz arte de "relacionamento" sobre coisas com as quais não se importa, como aquelas pessoas que respondem aos caras do Tinder só com citações de *Garotas malvadas* para escrever um artigo sobre a experiência

Talvez essas mulheres estejam solucionando uma questão importante para elas e parecendo intencionalmente frívolas. Talvez estejam tentando exercer algum controle sobre esse mercado em que foram forçadas a entrar, e essa é a verdade delas. Mas minha verdade é que esse tipo de coisa me irrita demais! É o pior dos dois mundos. A sensação é que essas interações não envolvem riscos e, se não representam riscos a você, por que escrever sobre elas?! Vá viver sua vida, alugue um caiaque, visite uma galeria de arte ou faça qualquer coisa. E os caras na outra ponta dessas conversas, por mais estruturalmente poderosos que sejam, são pessoas também. Como disse Platão, "seja gentil com todos; namoros são universalmente péssimos!!".

Contudo, se algo parece real para você, acredito que você deva seguir adiante e fazer o máximo de arte sobre isso. No fim das contas, as mulheres são punidas caso escrevam ou não sobre seus relacionamentos, e aí, para coroar, F. Scott Fitzgerald entra em cena e rouba seus melhores diálogos. Não existe uma escolha certa. Sinto uma compulsão pela escrita, então vou escrever sobre meus relacionamentos. Porque, tipo, com certeza não vou escrever sobre as Guerras Napoleônicas. Napoleão não era gato!

Subtuítes

Subtuítes são tuítes sobre uma pessoa em particular, mas que não citam nomes nem marcam ninguém.

Sei que isso é um jeito bem "o dicionário *Webster* define 'subtuíte' como..." de começar esta parte, mas adivinhe só: o dicionário *Webster* não define subtuíte como *nada*, porque aparentemente o dicionário *Webster* se acha bom demais para o Twitter. (Embora há quem argumente que somos *todos* bons demais para o Twitter.) Um dicionário que *não* se acha bom demais para o Twitter ou, na verdade, para nada é o *Oxford*, aquele da famosa "a palavra do ano de 2017 é *youthquake*", definindo o impacto da juventude na sociedade. Eles são o equivalente vernacular de minha pessoa ao aprender a palavra "parça" com meu irmão adolescente, em 2016, achando que estava na vanguarda cultural. O dicionário *Oxford* repete o que eu disse acima e acrescenta que subtuítes são escritos "como uma típica forma furtiva de crítica e deboche".

Na verdade e na real, considero boa parte da arte subtuítes — é sobre pessoas, em geral não diz explicitamente de quem se trata, muito raramente essas pessoas recebem notificações de que se tornaram a inspiração de alguém, MAS quase sempre, quando dão de cara com a manifestação artística em questão, têm uma boa ideia do que se trata. Contudo, sobre a segunda parte da definição do dicionário *Oxford*, a parte sobre deboche e crítica, não tenho tanta certeza.

Sem dúvida, existe um modelo de arte sobre relacionamentos cujo objetivo é punir homens que te trataram mal. Você é Carly Simon, e Warren Beatty está te dando nos nervos, então você escreve "You're So Vain" em homenagem a ele. E a mais duas pessoas cujas identidades ainda não descobrimos! Se você for vaga o suficiente, é capaz de punir um monte de caras de modo velado. Nem mesmo importa se é sobre Mick Jagger ou não: minha mãe passou os últimos 44 anos dizendo a todo mundo que *é*, então, a essa altura, não há nada que Mick possa fazer sobre o assunto.

Às vezes é catártico usar sua arte para PROVAR que você foi enganada. Definitivamente há muitas maneiras pelas quais enganamos uns aos outros no amor, e como os homens possuem um vasto poder estrutural sobre as mulheres, eu diria que a balança pende mais para eles nesse quesito. E, além da catarse, detonar um ex-amor pode nos fazer sentir fodonas de um jeito fugindo-de-uma-explosão-em-um-vestido-justo. O epônimo Dick de *I Love Dick* disse à revista *New York* certa vez que "o livro era como uma péssima resenha da minha presença no mundo". Admito que, quando li isso, julguei a frase um exemplo do velho #quero dos jovens. Mostrar uma ferida através da sua arte pode ser especialmente gratificante quando você vem tentando, sem sucesso, comunicar algo — a pessoa não está ouvindo ou até está, mas você não consegue expressar as ideias de modo coerente, não como na sua mente. Ou você tem medo de dizer a alguém pessoalmente! (Às vezes gosto de pensar nos meus subtuítes como parte do personismo de Frank O'Hara — uma escola de poesia que, ACREDITO, pretendia ser uma piada? Mas que é a melhor explicação que já ouvi para o ato de escrever. É poesia endereçada a uma pessoa. O'Hara diz que "fundou" o personismo ao escrever um poema para um antigo amor e "enquanto escrevia, me dei conta de que, se quisesse, poderia usar o telefone em vez de escrever os versos".) Você pode levar todo o tempo do mundo para comunicar uma ideia por meio da sua arte, ou para usar sua arte como prova concreta de algo que sente, mas não consegue expressar. E então, ainda por cima, você acaba com uma canção, ou um livro, ou... que outro tipo de arte existe por aí? Um cobertor tricotado? E se seu interesse amoroso vê essa arte e pega a dica, melhor ainda.

Não acredito mais que o principal objetivo da arte (ou dos subtuítes) seja punir os homens. O que não significa que não tenha, algumas vezes, usado meus subtuítes com essa finalidade. Mas tuitar sobre um cara com quem nem converso mais não me faz sentir BEM e não QUERO fazer isso, ou pelo menos não na maior parte do tempo. Tal impulso vem de um posicionamento reacionário e não me parece vital, embora, às vezes, sinta necessidade de expelir as emoções do meu corpo através de tuítes, enquanto outros talvez consigam expurgar essas emoções com exercícios ou com viagens até um desfiladeiro largo e profundo, onde passam horas gritando. Tuitar para constranger ou punir parece bem Madame Defarge, de quem não lembro muita coisa, além de que era bem complicada, porém provavelmente mais birrenta. Creio que um dos principais propósitos da arte seja criar empatia, e não se consegue isso ao vilanizar apenas um personagem da história. Homens podem ser goblins, sim, mas não começam como goblins. Assim como eu não tenho a intenção de ser um goblin, porém, de algum modo, me comporto como um de quinze a oitenta por cento do tempo! Como Aleksandr Soljenítsin, escritor russo e ganhador do Nobel, escreveu em *Arquipélago Gulag*: a fronteira entre o bem e o mal corta a alma do *softboy*.

Então não estou tentando punir homens como indivíduos; e sim detonar as estruturas de poder que permite que eles, sistematicamente, tratem as mulheres feito lixo. Quando escrevo sobre coisas simples que homens fizeram comigo e que julguei ruins e nojentas, no geral espero escrever sobre elas porque acredito que façam parte de um padrão maior nesse cobertor cheio de pulgas que chamamos de patriarcado. Não é nada PESSOAL! A ideia é que outras mulheres reconheçam incidentes similares nas próprias vidas e então possamos partir daí. É um tipo de escrita que considero vital. Acredito piamente que o pessoal é político e que seu *softboy* é um microcosmo do *softboy* da sociedade. No sentido inverso, também é reconfortante: quando um homem me sacaneia ao flertar loucamente comigo e depois me dá um bolo para pegar outras mulheres, me enviando uma mensagem com uma falsa desculpa tímida e esfarrapada no dia seguinte, gosto de pensar que ele não está fazendo isso porque eu, particularmente, sou um trapo dispensável e desprezível, mas porque ele faz parte de uma população maior, condicionada pela sociedade a agir dessa maneira rude. Sei que é errado tentar mudar os homens, então, em vez de tentar mudar um indivíduo, tento mudar a cultura que ensina a esses homens como se comportar. O que não vai me trazer nenhum bem imediato, mas talvez alguma garota nascida em 2040 cresça e não tenha que aturar tantas mensagens impensadas e cruéis de um homem a ponto de ela deletar o histórico de mensagens e começar a responder com "telefone novo, quem é?".

Independente das minhas boas intenções, os homens logo se sentem muito atacados sempre que escrevo sobre eles. Até mesmo citá-los em legendas do Instagram já provocou pequenos colapsos. E isso sem importar o conteúdo artístico efetivo! Talvez seja porque estejam tão acostumados ao controle da narrativa que perder isso mesmo por um instante cause um megassurto? Ou talvez achem que estou em uma cruzada para puni-los ou constrangê-los — que, na essência, minha arte tem um propósito negativo.

Acho que os homens ficam reflexivamente desconfiados e se sentem incomodados quando as mulheres escrevem sobre eles porque somos um grupo oprimido falando de seus opressores. Homens têm a consciência pesada. E existe poder e perigo no discurso feminino honesto. Muriel Rukeyser escreveu: "O que aconteceria se uma mulher falasse a verdade sobre sua vida? O mundo se partiria". Em 2017, vimos que isso era verdade — só que foi preciso pelo menos, tipo, dez mulheres, e que fossem brancas *e* ricas e famosas. No momento que escrevo isso, o mundo ainda está se partindo em dois. É chocante e comovente e necessário. Entendo por que os homens têm medo quando as mulheres os transformam em palavras. Deveriam ter mesmo.

Como eu disse na introdução deste livro, que você não leu porque presume que toda introdução seja embromação: gosto de homens, especialmente daqueles que beijo! Mas também sou emotiva com *tudo* (choro em qualquer comercial — de carro, propagandas políticas, não importa — que inclua a canção "America", de Simon & Garfunkel), e quando conheço um cara tão gato que sinto uma vontade insana de levá-lo ao cinema pelos próximos quarenta anos, você pode ter certeza de que sinto muitas emoções. "Tenho instantâneos condutores por mim todo", como disse Whitman, que cito sempre que posso porque achei que era "Estou coberto por eletrodos" e apenas recentemente redescobri as palavras exatas. Preciso colocar todas essas emoções no papel para entendê-las, para relembrá-las e porque, como um amigo me disse uma vez, sinto a "compulsão de compartilhar detalhes da minha vida". E tenho que admitir que fere meus delicados sentimentos quando um homem estremece como se tivesse ouvido um giz guinchando no quadro-negro toda vez que descobre que escrevi sobre ele! Essa sou eu, não posso evitar! Preferia ser uma guarda-florestal, mas se eu viver no meio do mato, como vou convencer as pessoas a assistir a meus shows de comédia? Então, quando os homens agem de modo bizarro, sinto como se rejeitassem uma parte importante de mim. Toda minha personalidade é calcada em: artista, ama tomar café com amigos e tem um skate, mas não sabe usá-lo. Além do mais, esses homens me *conhecem*. Foram várias viagens de metrô de 45 minutos até suas casas, nas quais conversamos o *tempo todo*. Espero que, em um algum momento, eles percebam que nunca vou acabar com eles do nada. Vou pelo menos mandar um e-mail antes!

Subtuítes, organizados por quem dizem respeito

MEU CRUSH DO ENSINO MÉDIO

[dá ao garoto um CD intitulado "você é meu namorado agora"]
(19 de junho de 2015)

acabo de dar um Google no meu crush do ensino médio e um site de casamento apareceu e, sinceramente, foi o ideal platônico de stalkear alguém na internet
(31 de dezembro de 2016)

acho que se eu pudesse voltar no tempo e dar um conselho para meu eu adolescente, seria jamais rir de algo dito por um adolescente do sexo masculino
(4 de março de 2017)

O PRIMEIRO CARA COM QUEM TRANSEI

meus projetos de escrita são como namorados: se fico mais que 3 horas seguidas com eles, passo a odiá-los
(30 de maio de 2014)

UM CARA COM QUEM TIVE UMA AMIZADE ROMÂNTICA POR, TIPO, UM ANO E NUNCA BEIJEI

[conta às crianças a história de como se apaixonou pelo pai delas]
bem nos conhecemos em 2015 & pelos 3 anos seguintes não tive certeza se a gente estava "namorando"
(9 de junho de 2015)

tentando descobrir como beijar um garoto sem ele saber que quero beijá-lo
(1º de julho de 2015)

meu novo insulto favorito é chamar os caras de "um clássico virginiano" independente da data de nascimento
(11 de julho de 2015)

CARA QUE BEIJEI DUAS VEZES E POR QUEM FIQUEI APAIXONADA DURANTE UM ANO

alguém já disse "a trama se adensa" sobre um crime real e não sobre se um cara tem uma namorada?
(6 de outubro de 2015)

Zayn disse q música do 1D é muito tosca p tocar em um encontro então óbvio q ele não sabe q forçar um boy a ouvir música de merda q vc gosta é um lance de poder
(15 de novembro de 2015)

se pudesse jantar com 5 pessoas vivas ou mortas,
eu ia obrigar os 4 maiores pensadores da história a
convencer o crush a me querer, ctz
(26 de janeiro de 2016)

todo mundo tá no caminho da iluminação para se
dar conta de que está apaixonado por mim
(23 de agosto de 2016)

CARA COM QUEM ESTIVE QUASE O TEMPO TODO
POR UM ANO, ENTÃO BEIJEI E PERCEBI QUE ESTAVA
BASICAMENTE APAIXONADA POR ELE, ENTÃO CORTEI
DA MINHA VIDA

não apenas entraria para Corvinal mas escreveria um
artigo para o Profeta Diário confessando minha atração nada saudável pelos meninos da Sonserina
(29 de janeiro de 2016)

escrever fanfic sobre Watson dizendo a Holmes que
sua amizade pseudorromântica está fazendo com
que ele se sinta manipulado & precisam estabelecer
limites
(14 de fevereiro de 2016)

fazer um Lemonade sobre o quanto odeio
geminianos
(11 de maio de 2016)

Nenhum Novo Sociopata
(26 de maio de 2016)

a coisa mais interessante sobre a MAIORIA dos caras que conheço são as mulheres legais que namoraram
(1º de julho de 2016)

todas as mulheres de Nova York estão postando sobre os mesmos 5 caras que trabalham na mídia
(5 de dezembro de 2016)

hmmmmm devo passar essa viagem de avião lendo um livro ou agonizando sobre por que as coisas não deram certo c a pessoa c quem parei de falar ano passado
(16 de abril de 2017)

CARA QUE PEGUEI LOGO DEPOIS DE TRUMP SER ELEITO

suacaraqnd ele critica Trump nas mídias sociais antes de te responder
(14 de novembro de 2016)

intitular meu livro Quem se importa se ele está ou n tão a fim de vc, Trump é presidente, Jesus Cristo
(15 de novembro de 2016)

o primeiro encontro é muito cedo para falar que a não violência só funciona quando seu opressor tem uma consciência rs
(15 de novembro de 2016)

CARA QUE ME ACOMPANHOU EM VÁRIAS
ATIVIDADES TIPO ENCONTROS ROMÂNTICOS
MAS NEGA ESTAR FLERTANDO COMIGO

há pouco tempo alguém me agradeceu por negar
publicamente que estamos namorando então sim
estou superfeliz
(26 de junho de 2016)

chamo os homens que não querem me namorar de
"trabalhadores republicanos" pq estão agindo contra
os próprios interesses
(12 de julho de 2016)

Se você não gosta do novo álbum do Harry Styles,
vc é misógino (tuíte 1/8.000.000)
(17 de maio de 2017)

Pessoas fazendo arte sobre você

O lado negativo de fazer arte com seu relacionamento é que você precisa respeitar o direito da outra pessoa pagar na mesma moeda.

Houve uma fase em que eu teria preferido ser a musa a ser a artista. Na faculdade, perguntei a meu amigo Todd se ele preferia ser Neil Diamond e ter escrito "Sweet Caroline" ou Caroline Kennedy e ter a música "Sweet Caroline" escrita para ele (na época, "Sweet Caroline" era, para mim, a epítome da arte inspirada por uma musa em qualquer mídia). Todd, como trabalhador exemplar que era, escolheu Neil, mas eu queria categoricamente ser Caroline. Ela tem uma música incrível sobre si mesma, eu pensava, e não teve nenhum trabalho! Ela não fez nada, e agora fãs do Red Sox cantam seu nome em cada jogo. Ser uma musa também é prova, eu achava, de que alguém a amou o bastante para criar algo imortal em sua homenagem. Você influenciou essa pessoa de tal maneira que ela não sente vergonha de mostrar a todo mundo. Você está na arte, o que me parecia empolgante então, de um modo que ainda é para meus pais sempre que apareço na televisão por um nanossegundo.

Agora que sou escritora, percebo que eu não teria, em absoluto, nenhum controle sobre a percepção e a interpretação que o artista tem de mim e do que quer que exista entre nós. Isso é meio irritante de modo geral, em especial quando você também é uma pessoa interessada em contar histórias e fazer arte e logo percebe como tudo poderia ter sido feito MELHOR. Como Caitlin Moran disse a Terry Gross, ela se deu conta, quando jovem, de que "se alguém vai escrever uma música ou, você sabe, um livro, ou fazer um filme sobre uma garota como eu, teria que ser uma garota como eu, e bem literalmente, eu".

Quando leio ou assisto a qualquer coisa cômica, minha mente logo imagina o que eu teria feito melhor e diferente (em geral a resposta é um bigode maior). Para arte baseada em meus relacionamentos, não só tenho uma opinião sobre as piadas, como também tenho uma sobre minha atuação, a atuação dele, qual minha "vibe", como exatamente tudo aconteceu, o que isso significa e qual a melhor maneira de mostrar essas coisas. Vou querer fazer arte sobre o assunto, e vou querer fazer a melhor arte possível, então existe uma boa chance de que a arte dele não seja, na minha opinião, a mais correta ou a melhor versão! (A não ser que seja melhor artista que eu; nesse caso, talvez acredite que sua versão é melhor que a minha, mas ainda assim não a correta.)

Também entendo que nada nunca é realmente sobre a musa, que se um cara fosse "fazer arte inspirada em mim", eu seria apenas um trampolim. Presumir o contrário é o que faz os homens surtarem com a arte feita por mulheres, creio — eles pensam: "Puta merda, ela escreveu sobre mim, deve estar loucamente apaixonada por mim". Afinal de contas, você dedicou tanto tempo a isso, tempo que poderia ter passado comendo sorvete ou assistindo a *Paddingtons 1 & 2*. Mas, pela minha experiência, arte "sobre uma pessoa específica" na verdade é uma reflexão sobre mim ou sobre a sociedade (ou ambas) que resulta de uma coisa que o cara fez; suponho que, em muitos casos, quando uma mulher faz arte sobre homens, ela se importa mais com a arte do que com eles. Tipo, não há como Beyoncé amar mais Jay-Z que a própria arte. Tenho certeza de que ela ama Blue Ivy, Rumi e Sir mais que a própria arte, mas não Jay-Z.

ALÉM DO MAIS, não que eu seja uma mercenária capitalista, mas o problema de ser Caroline Kennedy é que NEIL DIAMOND FICA COM TODA A GRANA.

Não acredito mais que fazer arte sobre uma pessoa seja o sinônimo máximo de amor; no momento, acho que o amor é criar tempo para se concentrar exclusivamente no outro. Mas às vezes, lendo sobre minhas ídolas artistas, invejo as parcerias romântico-criativas que firmaram. Patti Smith, uma mulher com gosto impecável para homens, escreve em *Só garotos* que ela se via "como Frida para Diego, tanto musa quanto criadora".

Então, apoio o direito de qualquer um fazer arte sobre mim. E penso que adoraria mesmo se um homem cuja arte eu admirasse e cujo corpo também admirasse encontrasse em mim inspiração para suas músicas, ou ilustrações, ou, porra, até mesmo tuítes. Estou certa de que também me sentiria bem esquisita, como um pé dormente, ou aquele momento no papanicolau quando parece que você está sendo eletrocutada em uma parte do corpo que nunca identificou antes. Por enquanto falo na teoria, porque nenhum homem jamais fez arte inspirada em mim QUE EU SAIBA. Em suma, espero que aconteça. E espero que seja o segundo álbum do Harry Styles.

O pagamento é certo

O pouco consolo que tenho em ser solteira e viver uma relação ambígua e ser comprometida, mas desconfiada de ser incapaz de conexão emocional (me pergunte sobre a pintura que minha mãe encomendou dos meus irmãos e eu em nossa infância, quando ela fez o artista me posicionar de pé, ao longe, porque "ah, você é emocionalmente distante"): não importa o que aconteça, você sempre pode resolver com a escrita. Como Walt Whitman disse em um poema sobre amor não correspondido:

> *Mas agora penso não haver amor sem retorno — o pagamento*
> *é certo, de um jeito ou de outro;*
> *(Eu amei certa pessoa ardentemente, e meu amor*
> *não teve retorno;*
> *No entanto, disso escrevi estas canções.)*

Mesmo que esteja só tomando no rabo (sem nenhum juízo de valor!), você sempre terá sua arte. E, por favor, observe: não digo isso em nível profissional, como em "aquele idiota me tratou como lixo, então escrevi uma série da HBO que é um sucesso estrondoso!". (a) Não encaro a escrita como uma arma, e em geral acredito que a maioria das histórias não tem apenas um "vilão", com a exceção de qualquer história sobre um dos Trump. (b) Também acho extremamente desagradável que, quando coisas ruins acontecem a não escritores todo mundo fique, tipo, "Ah, meu Deus, lamento tanto, você está bem?", mas quando coisas ruins acontecem comigo, uma escritora, todos reagem no estilo "Hahaha, você pode escrever sobre isso!". Sempre sinto como se o subtexto fosse "Você pode usar seu sofrimento para ficar rica e famosa!", mas gosto de pensar que consigo inventar tramas sem precisar sofrer. E se a ausência de sofrimento significasse que eu nunca poderia ser uma escritora, igual a Matilda, que perde seus poderes quando deixa de ser maltratada e negligenciada, EU FICARIA SINCERAMENTE SUPERFELIZ COMO ADVOGADA.

O que "Você sempre terá sua arte" ou "Você sempre pode resolver com a escrita" ou "O pagamento é certo" significa para mim é que podemos criar algo genuinamente bom a partir das próprias experiências, por mais escrotas que sejam. Digo isso de um modo bem hippongo, que me soa completamente falso e idiota, até sentar e refletir: que, na verdade, a arte é sobre descobrir como organizar e processar os eventos da vida. Para mim, isso significa encontrar um meio de tornar essas coisas engraçadas, porque, do contrário, chafurdo em autopiedade e fico deprimida e me sinto envergonhada dos fracassos e começo a me concentrar em, tipo, se tenho sido um peso para meus pais, que *mal* pediram por isso. Para outras pessoas, pode ter a ver apenas com ordenar o caos em uma história que faz pessoas (ou mesmo você!) chorarem e/ou rirem, de modo que alguém, a certa altura, se divirta com isso. E isso — contar histórias para seus amigos animados — é algo que TODO MUNDO faz, não somente os artistas.

Tipo: recentemente eu me mudei para um semimuquifo onde o senhorio faz o oposto de qualquer trabalho de manutenção, como a versão bombeiro de *A pata do macaco*. (Pedi que fizesse o cano do chuveiro parar de jorrar água no teto, e agora a água jorra em absolutamente todo lugar EXCETO no teto??) Estava me sentindo solitária e constrangida e com infinitas aftas por causa do estresse... então minha tia, rindo, leu para mim um parágrafo de um artigo de Sloane Crosley sobre um vizinho adolescente (rude) desequilibrado, no qual Sloane destaca que nova-iorquinos cogitam o assassinato antes de pensar em se mudar. E percebi: uau, essa mulher, que é muito mais bem-sucedida que eu e com um nome mais elegante que o meu, tem problemas semelhantes. E, um dia, mulheres que passaram um ano e meio fingindo não estarem apaixonadas — então percebem que estão e, depois, surtam e arruínam suas vidas — podem se sentir ligeiramente melhor ao saber que a mesma coisa aconteceu com uma bela escritora chamada Blythe, pouco antes de seu teto podre desabar e matá-la, uma vez que o senhorio se recusou a consertá-lo.

Assim, com sorte, você e seu parceiro romântico vão tratar um ao outro com amor e carinho e, com sorte, vão inventar piadas internas estranhas que alienam os outros, e provavelmente vão ser uns totais babacas um com o outro a certa altura, e provavelmente, se você é uma mulher que sente atração por caras, eles vão fodê-la com seu privilégio, quer se deem conta ou não. O que tiver de ser será, mas o pagamento é certo: você sempre será capaz de escrever, ou de conversar, ou de pintar, ou de tricotar (por que as pessoas tricotam??) sobre o assunto. Você pode transformar isso em algo belo ou hilário ou genial ou tão incrivelmente idiota que é hilário e genial.

Você vai se aprimorar cada vez mais como escritora/pintora/ tanto faz e como pessoa. E, independentemente de ficar sozinha para sempre até cair no Grand Canyon e morrer (provável) ou de acabar em um relacionamento feliz (menos provável), sempre terei isso. Na verdade, é o motivo para eu ter tatuado "o pagamento é certo". Todo mundo acha que minha tattoo é um lance de máfia. Ainda tento superar essa com a escrita.

CONCLUSÃO

Bem, amigos. Pensei tão longa e arduamente sobre romance e namoro que agora estou morando com meu namorado gato no meio do nada (Novo México). Nunca mais serei infeliz na vida. Passo os dias caminhando por aí e salvando bebês esquilos que caíram do ninho, enquanto meu namorado faz montes de mobília com engradados de madeira reciclados. Sinceramente, as coisas não podiam ter chegado a um final melhor! Obrigada por ler.

Quer dizer, ok, bem, óbvio que não. Embora pareça mesmo que todo livro sobre a impossibilidade do namoro acabe com a autora revelando que encontrou um homem e, enquanto escrevia, se casaram, consegui sair dessa experiência sem nenhum marido ou sequer um namorado! Mas estou bem entusiasmada quanto a continuar tentando fazer um homem me beijar sem me oprimir. Se não for bem-sucedida na empreitada, que simplesmente não me oprima já é um bom começo! Achei que terminaria este livro feliz e empolgada com a ideia de jamais pensar em namoro de novo, de seguir em frente e passar o resto da vida aprendendo curiosidades bizarras do mundo animal. (Me pergunte quantas espécies diferentes de mariposa foram encontradas vivendo em apenas uma preguiça.) (Sete!) Na realidade, estou mais que convencida de que amor e romance e, argh, "namoro" são coisas importantes e inteligentes sobre as quais escrever.

Se sessenta por cento das minhas neuroses românticas advêm de assistir a comédias românticas e de querer que minha vida se adapte a estruturas narrativas, então talvez seja minha responsabilidade mudar essas estruturas por meio da escrita? Quer dizer, ordenar as coisas em narrativas é necessário para conseguir um senso de identidade coerente e para transitar pelo mundo. Isso é uma parada real, aprendi em *Introdução à Psicologia*. Se preferir a mesma afirmação em uma vaga (mas boa) citação de David Foster Wallace: "Precisamos de narrativas como precisamos do espaço-tempo; é algo intrínseco". Bolar estruturas narrativas que não sejam apenas divertidas, mas também socialmente responsáveis é, na verdade, uma das coisas úteis que escritores podem fazer a longo prazo. É óbvio que a maior parte do que escrevo é apenas uma resposta banal a qualquer ação do Timothée Chalamet, mas gostaria de pensar que posso imaginar narrativas capazes de mudar o modo como acreditamos que o amor deva ser.

Temos uma única chance nesse experimento da laranja flutuante para espremer o máximo de felicidade, e o amor é um significante aperto cítrico. Certa vez, um jornalista perguntou a Nora Ephron por que ela só escrevia sobre relacionamentos, e ela respondeu: "Há algo mais?". Sabe, há sair com os amigos. Há fazer um trabalho de que gosta. Há ajudar outras pessoas. Há observar montanhas íngremes e ficar, tipo, [chorando] "É tão íngreme e... bonita". E há o amor. Não há mesmo nada mais.

Agradecimentos

Este é meu primeiro livro, então basicamente: obrigada a todo mundo que já conheci.

Tenho uma dívida incrível com minha brilhante agente, Dana Murphy. Obrigada por querer trabalhar comigo mesmo antes que eu tivesse qualquer ideia para um livro, quando entrei rodopiando na Maison Kayser usando meu vestido de casamento e gritando "Estou atrasada para tomar um drinque com [cara gato] — ele é o livro!!". (Ele foi citado, tipo, duas vezes?) Obrigada por encorajar a semente de ideia que dei a você e, com paciência, me ajudar a aperfeiçoá-la durante LITERALMENTE o ano que levei para escrever minha proposta. Eu era um bebê idiota que não fazia a menor noção do que estava fazendo, e nada disso teria chegado perto de existir se não fosse por você.

Kara Rota: sem você, este livro não existiria. OU existiria, mas não estaria terminado até 2067, seria muito idiota e consistiria na palavra "literalmente" e referências a Timothée Chalamet. Sinto que sou uma pessoa melhor e mais inteligente por ter trabalhado com você. Obrigada por me deixar mandar mensagens sobre o livro à meia-noite e também sobre se eu estava com faringite ou gonorreia oral. (Foi uma "leve mononucleose".) ESTOU FELIZ QUE SEJAMOS AMIGAS.

Obrigada também a Bryn Clark, não apenas pela ajuda editorial, mas pelo título genial deste livro, que é o que todos mais gostam nele. Todo o sucesso do livro devo a você.

E também na Flatiron e além: a Nancy Trypuc, Patricia Cave, Na Kim, Bethany Reis (desculpe por usar tantos pontos de exclamação!!!!!), Emily Waters e Lena Shekhter.

Um obrigada imenso a Phoebe Robinson. Seu apoio e encorajamento me fizeram continuar, mesmo quando este livro parecia uma fraude ou indisciplinado ou como se nunca, jamais fosse chegar ao fim. Obrigada por desmistificar todo o estranho processo de escrever um livro e por me mostrar que sequer era possível em primeiro lugar. Você tem sido tão generosa com seu escasso tempo livre, e isso significa muito para mim.

Obrigada a Emma Allen. Há uma linha tênue entre ser publicada por você e qualquer outra coisa boa que tenha acontecido em minha vida profissional. E, sinceramente, muita das coisas boas que aconteceram em minha vida pessoal. Tenho sorte por você existir!

A todos os meus colegas de trabalho no *The Late Show* por tornar cada dia de trabalho divertido e por lidar comigo conforme eu corria como uma louca berrando trechos do meu livro. A Cami, meu lindo anjo!! A Dom, que me ensinou a usar o Instagram! A Gloria, obrigada por me contratar e achar um apartamento para mim! A Monica e a meu gerente, Neil, por me deixar sentar em seu escritório por grandes períodos de tempo sem aparente razão. A Caroline, por nunca estar muito ocupada para deliberar se, por exemplo, Giovanni Ribisi é gato (não). A Ali e Carly e Kyle e Megan e Cohen e a todo mundo que já foi um assistente. A Stephen, por fazer propaganda do livro; a Amy, por fazer isso acontecer. A TODO MUNDO DA EQUIPE. Pizza!

Um grande obrigada a todos os meus amigos que me escutaram falar deste livro por quinhentos mil anos e a todos os meus amigos que deixei na mão porque tinha um prazo, tipo, dois dias atrás. A Lily Karlin e a Madelyn Freed e a Colin Stokes e todo mundo no Lo-Fi, por escrever e atuar comigo, e a Todd Venook, Emmy Yates, Molly Yates e Rebecca Margolies, apenas porque sim. Um obrigada especial àqueles amigos que me deixam citar suas ideias geniais: Zach Zimmerman (sinta-se livre para mandar dinheiro para ele no Venmo: @zach-zimmerman), Paul Gale (dê like e se inscreva em seu canal do YouTube: /paulgalecomedy), Harris Mayersohn (cujo Twitter de qualidade @harrismayer você JAMAIS deve silenciar ou ele deixará de ser seu amigo) e Fran Hoepfner (franhoepfner.fyi). E também a Jonah, que é ruim com esse lance de internet e provavelmente não quer que eu liste seu sobrenome.

Houve um momento em que eu estava listando o nome de todas as mulheres que me ajudaram no caminho, mas perdi a lista. Então sei que estou me esquecendo de várias, mas obrigada a Jocelyn Richard, Jen Spyra, Marla Tepper, Kim Gamble, Nikki Glaser, Sara Schaefer, Jenny Hagel, Ariel Dumas e Jennifer Mills.

Obviamente, o maior obrigada vai para minha família, por me criar e me amar e sempre, sempre me encorajar a seguir meus sonhos. Sou uma dessas raras pessoas de sorte cuja família nunca fez um comentário infame sobre diplomas em Letras não serem úteis ou sobre como é impossível viver da escrita. Obrigada por seu apoio incondicional enquanto eu escrevia este livro, muito embora eu tenha dito a todos vocês que não deviam lê-lo. Obrigada por me deixarem ficar em suas casas e comer sua comida conforme "escrevia" (assistia a temporadas completas de séries de prestígio). Amo todos vocês muito, muito, muito. Ganhei na loteria da família. Por favor, parem de me mandar tantas mensagens no grupo.

Este livro foi composto na tipografia Dante
MT Std, em corpo 11,5/16, e impresso em
papel off-white no Sistema Cameron da
Divisão Gráfica da Distribuidora Record.